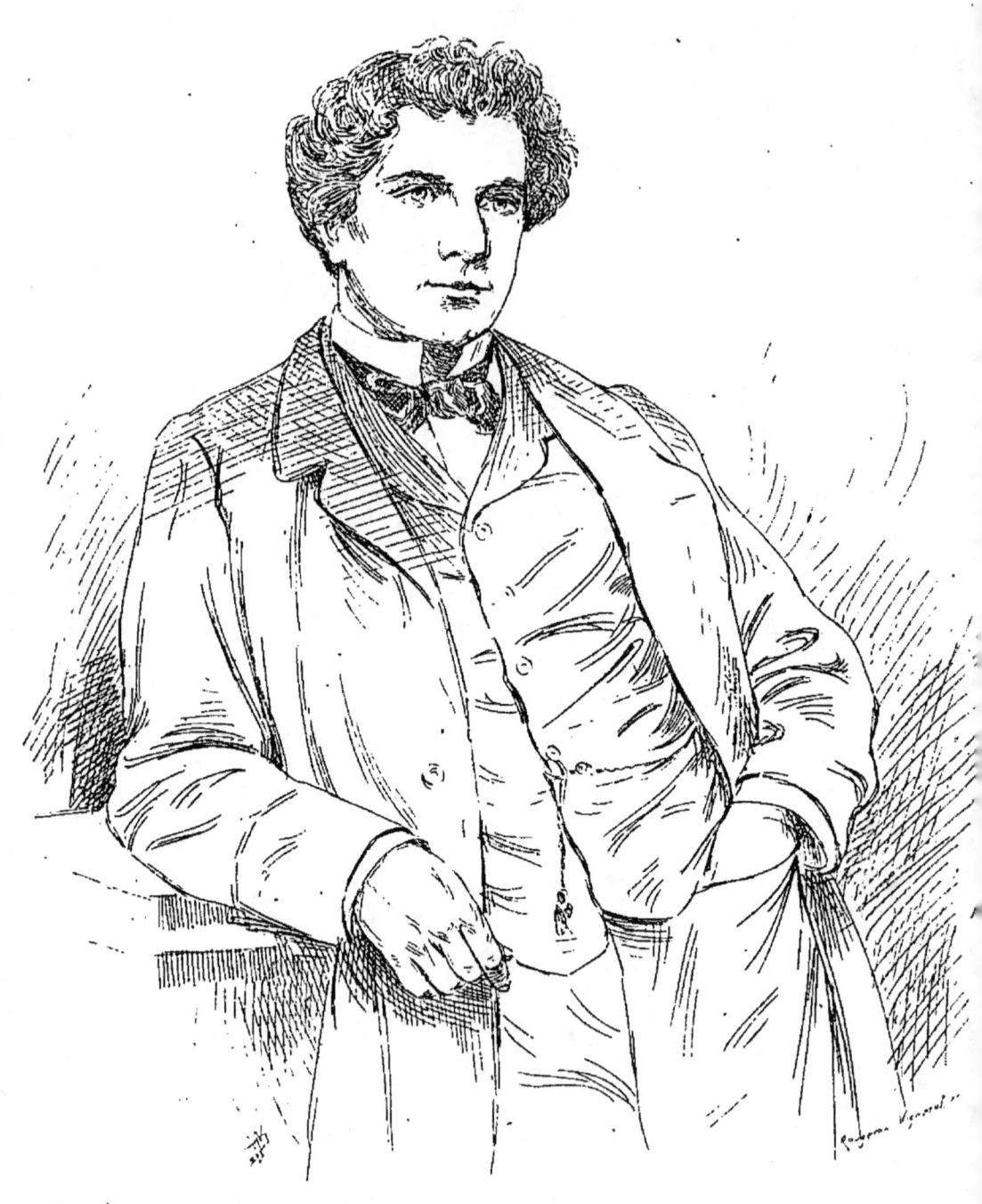

FRÉDÉRIC FEBVRE

Vaudeville
1861

FRÉDÉRIC FEBVRE
EX-VICE-DOYEN DE LA COMÉDIE-FRANÇAISE

JOURNAL
D'UN
COMÉDIEN

TOME PREMIER
1850-1870

AVEC UNE PRÉFACE DE M. JULES CLARETIE
DE L'ACADÉMIE FRANÇAISE

Illustrations de JULIAN-DAMAZY

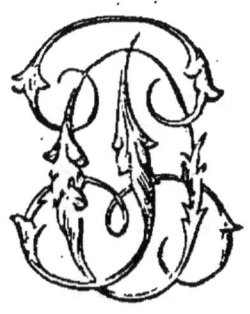

PARIS

IL A ÉTÉ TIRÉ A PART
DEUX CENTS EXEMPLAIRES SUR PAPIER DE CHINE

PRÉFACE

Le plus grand plaisir pour « quiconque a beaucoup vu », comme dit La Fontaine, est de conter ses aventures. Il arrive presque toujours pour l'homme d'action un moment où il éprouve le besoin d'établir le bilan de son passé, de faire le total de ses rêves. Les a-t-il tous réalisés, ces beaux rêves des jeunes années? Il serait trop heureux, en vérité, s'il avait pu seulement toucher du doigt le bout des ailes de quelques-uns. « La meilleure partie du génie, a dit Goëthe, se compose de souvenirs. » Il en est de même de la vie; ce qu'il y a de meilleur en elle, c'est le passé. L'espérance même, grosse de déceptions, ne vaut point le cher « autrefois » tant les maux

« réflexions sur leur profession, mais jamais ils
« n'ont donné de traité en forme. Vivre et sen-
« tir, pour eux, c'est apprendre leur art ; raconter
« leur vie, c'est expliquer leur talent. »

L'homme qui écrivait ces lignes, c'est M. Thiers. En 1822, lorsqu'il les signait, le comédien pouvait encore se dire « libre et isolé *au sein* de la société ». En 1895, il est, au contraire, tout à fait mêlé à la société et parfois même il ne se contente point de la charmer, il la domine. Je ne crois pas qu'un seul homme politique de notre temps ait pu étudier autant qu'a pu le faire un comédien en vedette des personnalités diverses et je parle des plus hautes. Le comédien moderne a ses entrées partout et tel souverain tout-puissant qui hésiterait à recevoir un poète, auteur de la pièce, aime à s'entretenir familièrement avec le comédien qui la joue. Les comédiens se plaignent parfois de ne laisser après eux qu'un nom, ce qui est déjà quelque chose ; mais ils peuvent se dire, en manière de consolation, qu'ils ont fort joliment placé leur gloire en viager.

Ayant ainsi vu tant de choses, il est tout naturel qu'ils aiment à les raconter. J'adore ces *Mémoires* de comédiens dont M. Thiers parlait en un style un peu aboli ; on en a publié déjà toute une bibliothèque ! Préville, Dazincourt, Louise Fusil ont précédé Samson, Bouffé et Laferrière. Généralement, à lire ces livres on éprouve quelque déception. Le comédien, volontiers *égotiste*, se plaît à ne parler que des menus incidents de sa vie ou encore à *faire de l'histoire générale* au lieu de nous dire simplement sa propre histoire. Il oublie de conter au public ce que le public entend qu'on lui révèle. Voyez les *Mémoires* de Bouffé : les considérations politiques y abondent, ou du moins les souvenirs historiques. Ce ne sont pas les renseignements spéciaux que j'irais chercher là cependant et les *Mémoires pour servir à l'histoire de mon temps* de M. Guizot feraient, en ce sens, beaucoup mieux mon affaire.

M. Frédéric Febvre, qui a bien de l'esprit et qui sait beaucoup, n'a eu garde de tomber dans ce travers. Comédien profond et fin observateur, il s'est étudié à peindre surtout les personnages qu'il a rencontrés, les artistes qu'il a connus, ses camarades ou ses maîtres d'autrefois, et avec une sincérité charmante il nous donne, dans le premier volume des *Souvenirs*, tout un tableau

attirant, amusant, tout à fait original, d'une vie
de théâtre qui ressemble terriblement peu à la
vie théâtrale d'aujourd'hui. Ah ! le bon temps
que ce bon vieux temps qui date seulement
d'hier ! Il y avait encore de la fantaisie et de
l'imprévu dans l'existence des comédiens qui
partaient pour l'inconnu en ayant en poche un
vieil exemplaire à demi usé du *Roman comique*.
Et ils étaient sans amertume, en toute bonne foi
et belle humeur, héritiers joyeux de Ragotin,
de l'Etoile et de Destin ! Quoi de plus séduisant
que cette vie « libre et particulière » — pour
citer encore M. Thiers — que menaient les
comédiens à l'heure où existait encore, dans
Paris, ce coin si divertissant, si pittoresque et
si gai qu'on appelait le Boulevard du Temple ?
M. Febvre nous en rend l'écho avec une infinie
bonne grâce et il me semble, en le lisant, entendre le tintement lointain, doucement étouffé
par la distance, de la sonnette du marchand de
coco. Ah ! la sonnette de mes vingt ans, qui,
argentine et sautillante, montait comme un cri
d'alouette dans le ciel du boulevard, par les
soirs d'été ! On ne l'entend plus, elle est fêlée,
brisée, ou gît poudreuse en quelque obscur

magasin d'accessoires ! Qui nous rendra la sonnette du marchand de coco ?

En lisant le *Journal d'un Comédien* je l'entends sonner de nouveau et c'est un peu de ma jeunesse que me rendent ces pages, feuilletées sur *épreuves*, avant le public. J'ai assisté à ces soirées dont parle M. Febvre. Je le revois (j'étais bien jeune) dans le *Juif Errant*, à la Gaîté. Je n'oublierai jamais la façon dont à l'Odéon, dans le *Rocher de Sysiphe*, il laissait, amant las de sa chaîne, tomber le bras de la femme qui s'appuyait sur lui ! On pouvait déjà, ce soir-là, deviner en lui le comédien pittoresque qui jouerait si admirablement M. Clarckson ou Olivier de Jalin. Et je l'ai suivi au Vaudeville, dont il raconte les belles soirées du temps de Victorien Sardou et d'Octave Feuillet. Je l'ai applaudi dans le rôle, extrêmement bien composé, de ce petit clerc Picolet qui fit à l'Ambigu le succès de la *Maison du Pont Notre-Dame*. Je ne me doutais point, alors que j'avais grand'peine, collégien ou étudiant, à trouver une place au parterre pour ces *premières* que j'écrirais la préface des *Souvenirs* de Frédéric Febvre, sociétaire retraité de la Comédie-Française au temps où j'en serais l'administrateur.

Il était pourtant facile à prévoir que ce *jeune premier* parfait serait, un jour, de la Maison, comme on dit. Lui seul peut-être n'y songeait pas. Et cependant il devait avoir la conscience de sa valeur ; il travaillait ardemment, âprement comme il a travaillé toujours, même en pleine possession de son talent et de son autorité. Celui-là est de la vieille école, il est du bataillon sacré des comédiens qui ont mangé jadis de *la vache enragée*, cet apéritif de la gloire. Je l'ai toujours vu, comédien ou metteur en scène, scrupuleusement exact, laborieux, dévoué à sa tâche. Le génie, c'est la patience, a-t-on dit. Je crois que, plus encore que la patience, le travail est le grand maître, le grand guide, le grand vainqueur.

M. Febvre faisait, un jour, à la Comédie-Française, répéter *Henri III et sa Cour* et pendant que le Roi et Catherine, sa mère, jouaient leur scène, les jeunes comédiens, d'ailleurs remarquables, qui représentaient les mignons s'asseyaient, las et ennuyés, au lieu de rester debout.

— Que voulez-vous ? dit l'un d'eux. Toujours sur nos jambes, toute une journée cela nous fatigue !

— Eh bien, Messieurs, fit M. Febvre, moi, lorsque je jouais à la Gaîté un de ces mêmes rôles, je restais debout toute la soirée, naturellement, et le lendemain je restais encore debout de midi à six heures, parce qu'on répétait le drame nouveau qui devait succéder à *Henri III*. Et cela durait trois cent soixante-cinq jours par an et je n'étais jamais fatigué !

La jeune génération n'a pas connu ces labeurs et les comédiens qui ne jouent pas tous les jours devraient se dire qu'ils sont dans leur art des privilégiés. Je me rappelle qu'un jour l'excellent comédien Dupuis, des Variétés, vint me demander à assister, rue de Richelieu, à la représentation de *Francillon* de M. Dumas.

— Ce me sera une véritable joie, car le croirez-vous ? me dit-il : je n'ai jamais vu la Comédie-Française !

Je le regardais, croyant à une plaisanterie :

— Non, sérieusement. Jamais. Et ce n'est pas étonnant. J'ai joué tous les soirs pendant six ans de suite et quand je ne joue pas à Paris je joue en province ou je me repose !

Ceux-là ont le *diable au corps* qu'exigeait Voltaire et, en dehors même de leur talent, voilà pourquoi ils réussissent et s'imposent. Ils aiment leur art, ils adorent leurs planches. Ils hument avec volupté les microbes des coulisses. Le théâtre est leur élément. Quand ils le servent, ils le servent bien, et quand ils ont achevé de le servir, ils cherchent encore à lui être utile en parlant de lui, en évoquant ses gloires passées.

Tel M. Febvre. Il a quitté trop tôt la scène ; mais il ne l'abandonne pas puisqu'il raconte une partie de son histoire. Il en est arrivé à ce qu'on a fort spirituellement appelé *l'heure du carnet*. Tout le monde a son carnet où le passé revit. M. Febvre a feuilleté et mis à l'encre ces pages tracées au crayon. L'encre n'est pas corrosive. Certes M. Febvre a assez de mordant et d'incisif dans l'esprit pour avoir été tenté de montrer les ongles. A quoi bon ? Il n'y a d'agréable dans le passé que ce qui console, et toutes les polémiques et les querelles d'antan sont peu de chose après quelques vieilles lunes. M. Febvre a préféré être de bonne humeur et causer gaiement des jours lointains, des années d'autrefois, au coin du feu à la française.

Il s'est souvenu, pour écrire son *Journal*, de ce grand homme qui était plus charmant encore en robe de chambre qu'en habit noir, je veux dire Alexandre Dumas père, cet Alexandre Dumas qu'il a aimé, qu'il fait aimer, et il lui a emprunté ses pantoufles. C'est là de la causerie sans apprêts : — les propos d'un comédien consommé qui, sur son art, dit avec autorité, bien des vérités à retenir, mais qui les dit sans fausse éloquence, faisant de l'esthétique sans phrases et de l'histoire théâtrale sans pose. Que si le public prend autant de plaisir à lire ces *Mémoires* que j'en ai pris moi-même, le succès du *Journal d'un Comédien* est assuré. Ces pages anecdotiques et pittoresques resteront.

Mais aussi bien, je le répète, c'est que ce livre a évoqué pour moi tant de souvenirs, les meilleurs, ceux de la jeunesse ! Je le rouvrirai lorsque je voudrai réentendre, vive, gaie, argentine, vibrante, claire comme un matin de mai, la sonnette, la sonnette abolie du marchand de coco, dont le tintement, quand la vie s'achève, devient celui d'une autre sonnette, celle qui jette sa note grêle à travers l'encens du service des morts...

J'aime mieux, on n'en doute pas, la sonnette, la vieille sonnette du boulevard du Temple. Et le *Journal d'un comédien* n'eût-il eu que ce mérite de m'en rendre l'écho, sa lecture resterait pour moi un bon souvenir. Mais, en vérité, le livre que publie M. Febvre a bien d'autres attraits encore. Lekain disait, un soir, à Préville, qui ne s'occupait pas assez de l'avenir et n'était point du tout économe :

« — Ne compte pas sur le public. Il verra ta
« ruine et n'en sera pas ému. Ce parterre, qui
« semble t'adorer, te crie, à chaque instant, même
« au milieu de ses bravos : *Amuse-moi et crève !*
« Ménage-toi une existence honorable afin de
« vivre quand l'heure de ta retraite aura sonné ! »

Eh bien, Lekain calomniait le public Il n'oublie pas ses acteurs, le public, et, à tout prendre, leur gloire est aussi durable que celle des auteurs dont il retient les noms sans lire les œuvres. Même le public aime ses comédiens d'une affection toute particulière. Déjazet a eu, elle aussi, des funérailles quasi nationales. On lui a consacré tout un gros volume comme à Musset ou à Hugo. Et le public, même après la retraite, accourt bien vite lorsque l'acteur, ainsi que le fait aujourd'hui Frédéric Febvre, raconte sa vie, évoque son passé — et il lui dit à ce comédien :

— Conte, conte-nous l'histoire de ces rôles

que tu jouais si bien ! Dis-nous le secret de ton art, de tes émotions, de tes débuts, de tes amitiés, de tes rêves ! *Amuse-moi et vis !*

Amuser les gens — les honnêtes gens — n'est-ce pas le lot commun à tous ceux qui, comédiens ou poètes, vivent de leur cerveau et de leur cœur ?

Il en est tant d'autres qui vivent du cerveau et du cœur d'autrui !

JULES CLARETIE.

Viroflay, 1ᵉʳ octobre 1895.

PREMIÈRE PARTIE

1850-1861

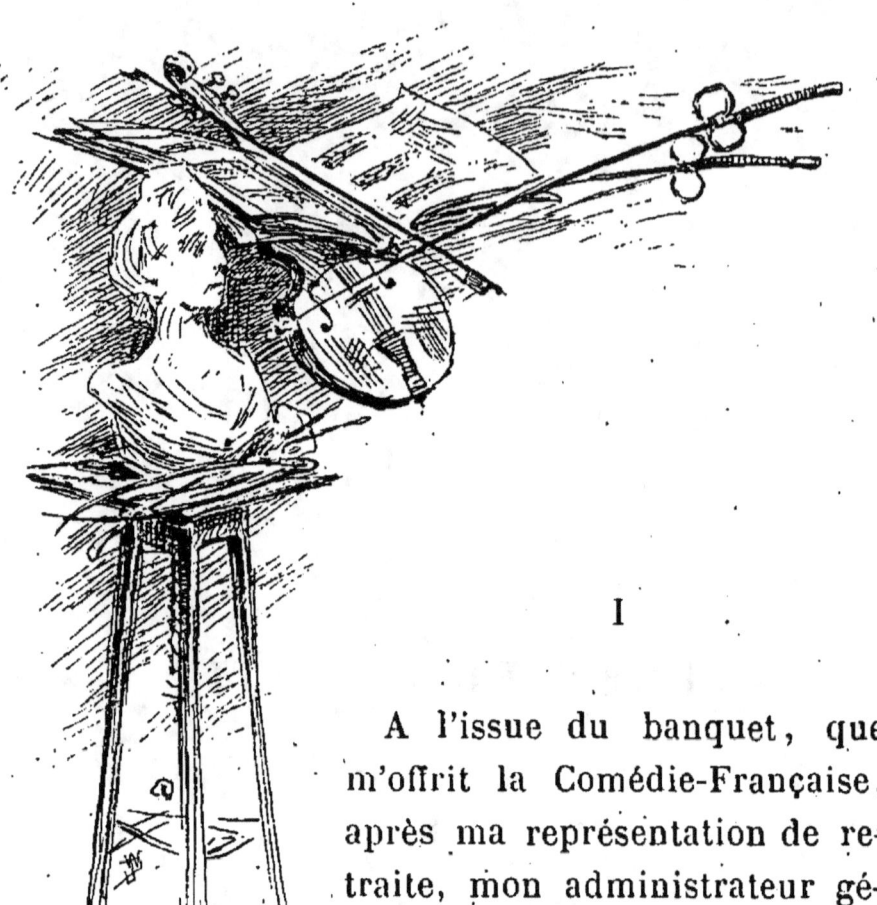

I

A l'issue du banquet, que m'offrit la Comédie-Française, après ma représentation de retraite, mon administrateur général et ami, M. Claretie, en me portant un toast, dont je conserve le touchant souvenir, affirmait que ce mets peu recherché, qu'on nomme la *vache enragée*, était un apéritif.

Le mot est juste; et, si notre génération de jeunes comédiens en avait goûté, peut-être aurait-elle un peu plus de *robustesse*, plus d'appétit de l'étude, moins d'impatience du succès.

En effet, soit pénurie, soit besoin de nouveau, soit, peut-être, à cause des vides successifs, creusés

Et j'étais obligé de me sauver, à la réplique du terrible Mordaunt : « Taisez-vous, monsieur ! c'était ma mère ! » Quel supplice de n'en entendre jamais plus long... Cela dura ainsi pendant quelque temps. Je me souviens que, pendant *la Closerie des Genêts*... mon maximum s'arrêtait à la phrase de Montéclain (Montdidier) « chez sa tante Bisson qui est malade ! » Et il fallait se sauver — c'est-à-dire reprendre au pas de course le chemin de la rue Montmartre, où j'arrivais en nage... Comment n'ai-je pas attrapé la mort à ce jeu dangereux ? C'est un miracle !

Aussi, ce fut un beau soir que celui, où ayant remarquablement travaillé mon violon, Artus m'emmena, un dimanche, avec lui, à l'orchestre; où donnait, par bonheur, ces *Mousquetaires*, dont je ne connaissais qu'un petit fragment, et, quand je vis arriver la fameuse phrase : « Taisez-vous, Monsieur, c'était ma mère ! » je me dis : enfin ! je vais donc savoir ce que l'on a fait à la mère de ce M. Mordaunt (Chilly) et j'étais heureux de penser : ce soir, pas de rue Montmartre, pas de course folle... Ces 5 actes et ces 12 tableaux me parurent bien courts !

En ai-je vu de ces drames, mélodrames, quand j'avais le bonheur d'accompagner, le dimanche, mon professeur; et quelle troupe il y avait à cette époque : Mélingue, Chilly, Mmes Guyon, Naptal Arnaut, Lucie Mabire, MM. Montdidier, Mathis,

Saint-Ernest, Lacressonnière, Paulin Ménier, Laurent, Alexandre, Verner, etc., etc...

J'ai vu Paulin Ménier (qui jouait à cette époque les jeunes premiers) dans le rôle d'Abelard — et dans *l'Elève de Saint-Cyr*... Il était difficile de prévoir *Choppard dit l'Aimable;* ce n'est que dans un lever de rideau, *le Café de l'Ambigu*, que Ménier révéla le comédien original qui devait créer, avec tant de succès, *les Paysans*, Ali, de *la Closerie des Genêts*, et beaucoup d'autres rôles dont les noms m'échappent.

Une chose curieuse, à propos de ces rôles à travestissement. Sait-on que Vidocq, le chef de la police, a donné à Londres des soirées d'imitation...

Lacressonnière, que je croisais quelquefois dans le petit escalier, revêtu de son splendide costume de Charles Ier... *d'Artagnan*, dont j'entendais sonner les éperons et qui, un soir, me tapa doucement sur la joue... que tous ces artistes me paraissaient grands et heureux!

C'en était fait, ma résolution était prise, je serais comédien! Adieu le violon, adieu ma place de petit clerc chez Mc Cullerier, avoué rue Harlay-du-Palais; adieu mon pupitre de chef d'orchestre, au théâtre d'amateurs de la rue Serpente, où, un soir déjà, j'avais abandonné mon violon pour jouer, au pied levé, le rôle de Léon, du *Mari de la Veuve*... mais, que dirait ma famille ?

Quand j'annonçai à mes parents que je désirais faire du théâtre, mon père, je dois le dire, ne me parut pas follement enchanté ; mais, ma bonne mère lui donna toutes sortes de raisons — et enfin, on reconnut qu'il valait encore mieux faire (si c'était possible) un bon comédien, qu'un mauvais soldat ou un mélancolique employé.

II

En me reportant à l'année 1850, je trouve, dans mes notes, que sur la recommandation d'un ami de ma famille, je me présentai à Mélingue, à ce brave cœur, à ce grand artiste, dont la succession est toujours ouverte.

Peu partisan des études au Conservatoire, Mélingue me donna le conseil de jouer, de jouer beaucoup, de tout, et partout.

Je suivis ce conseil... eh bien, j'en demande pardon à sa mémoire : il se trompait. Il eut certainement mieux valu prendre les premiers conseils d'un maître comme Régnier. Il y a dans l'art dramatique, aussi bien que dans tous les arts, une grammaire, dont nul ne peut s'abstenir

Cela m'eut épargné, sur quarante-trois ans de carrière, de perdre seize années à courir de théâtre en théâtre, pour en arriver, à l'Odéon, à jouer *de chic*, sans études, sans la moindre gamme préparatoire, des rôles aussi compliqués que ceux du *Menteur*, du *Barbier de Séville*, du *Chevalier à la mode*, et bien d'autres encore.

Mélingue m'adressa à Arsène, qui avait la direction des théâtres de Montparnasse et de Grenelle.

Je fis mes débuts dans une pièce nouvelle, une sorte de *Don Juan d'Autriche*.

Chose curieuse ; c'est dans un *Don Juan d'Autriche*, que, seize ans plus tard, je devais débuter à la Comédie-Française.

Sur la scène du théâtre Montparnasse, mon rôle de début était un moine à longue barbe blanche ; j'avais seize ans à peine, j'étais très ému, et, dans mon émotion, je me

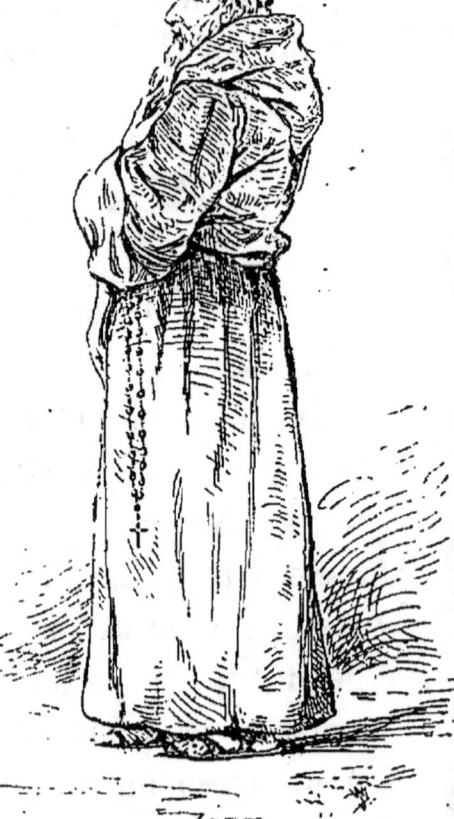

Un Moine dans *Don Juan d'Autriche*.

souviens de m'être pris le pied dans ma robe de bure, et d'avoir descendu, plus vite qu'il ne convenait à la dignité de mon personnage, les marches de l'église : on rit un peu dans la salle — et, quoique ce début ne rassurât qu'à demi mon père — ma mère, plus confiante dans mon étoile, m'embrassa en me disant que je l'avais fait pleurer.

Vers cette époque, à la suite de graves revers de fortune, ne voulant pas être à charge de ma famille, je me présentai chez Maillart, correspondant de théâtres, frère du regretté compositeur et de l'ex-sociétaire de la Comédie-Française.

Il me demanda mon répertoire... Mon répertoire ! à seize ans ! je n'en avais pas ; car, à part quelques amoureux, joués à Grenelle et à Montparnasse, je ne pouvais décemment pas me prévaloir de ma création du Moine, à la descente trop rapide. Que faire ?

Avec un de mes camarades, mort depuis, ce brave Larochelle, nous fîmes un répertoire fictif, mettant au hasard des titres de pièces, en ne tenant compte que des rôles réservés à mon emploi.

Quelques jours après, je signai un engagement d'un an pour le théâtre du Havre, — emploi des deuxièmes et troisièmes amoureux dans les tragédies, comédies, drames, mélodrames, vaudevilles, etc... et, au besoin, dans l'opéra-comique, les rôles dans ma voix, du 1er mai au 30 avril 1850, direction Wermelin, un ancien ténor qui s'est poignardé... (J'espère que cet engagement n'y fut pour rien !) 110 francs par mois, c'était admirable ! Que ferais-je de tout cet argent ?...

III

J'arrivai au Havre, le 1er mai 1850.

C'était une singulière maison que celle où je pris pension, située sur le boulevard d'Ingouville, alors séparé de la ville par les fossés des anciennes fortifications. Cette petite habitation, qu'on nommait le *Phalanstère,* était tenue par Certain, un artiste musicien d'une grande valeur, et sa femme qu'on nommait *la marquise.* Je n'ai jamais su pourquoi. J'occupais une toute petite chambre, au 1er étage ; contiguë à cette pièce se trouvait la salle à manger, dans laquelle Dumaine, Garraud, Certain, sa femme et moi prenions nos repas, quand on pouvait les prendre ; car, bien qu'on payât régulièrement sa pension à la fin du mois, il arrivait tou-

A seize ans, on a bel appétit. Par malheur, je jouais mal aux dominos. De sorte que, plus souvent qu'à mon tour, j'étais réduit à des combinaisons, devant lesquelles Schaunard lui-même eût pâli.

Si la nourriture était, par moments, un peu problématique, en revanche, on travaillait dur.

Le jour de mon arrivée, le directeur me dit que je débutais, deux jours après, dans *Paul Jones* d'Alexandre Dumas, rôle du baron de Lectoure, qui figurait sur mon répertoire. Deux répétitions devaient suffire ajouta-t-il...

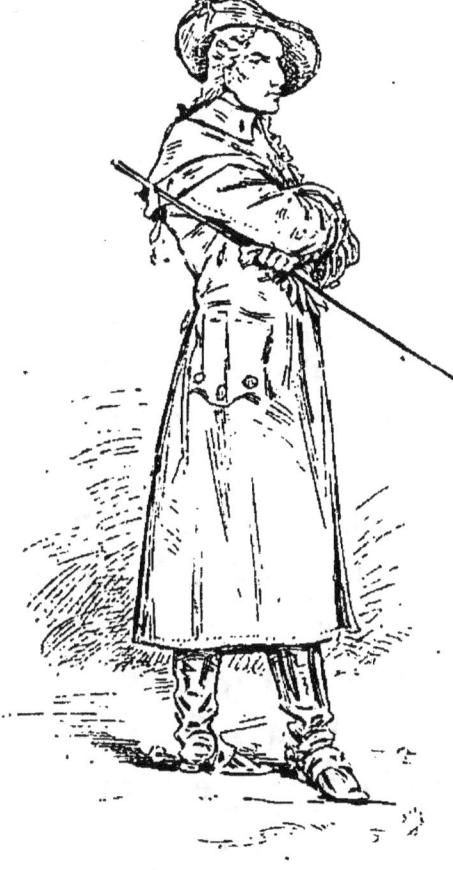

Le Baron de Lectoures dans *Paul Jones*.

Mais la difficulté c'est que, ce maudit répertoire étant de pure fantaisie, jamais je n'avais entendu ni lu ce Paul Jones; et, de plus, ce rôle de Lectoure était un mauvais amoureux, très difficile à jouer, comme tous les mauvais rôles, d'ailleurs.

Je copiai mon rôle, et, après une nuit d'étude, je me rendis à la répétition, où ma gaucherie ne passa pas inaperçue. Enfin, tant bien que mal, plus mal que bien, je fis mon premier début dans ce *Paul Jones*, où je fus exécrable ; la presse ne me le dissimula pas.

Le second début eut lieu dans les mêmes conditions : rôle d'Amédée du *Gamin de Paris*, toujours sur mon répertoire !

A ce moment, je sentis que ma situation était grave ; au milieu de toute cette troupe, qui marchait très bien, mon insuffisance éclatait avec fracas.

Dumaine était superbe dans les jeunes premiers rôles de drames. Garraud avait beaucoup de succès dans les amoureux de comédie. Butaut était très goûté dans les grands premiers rôles, Lemaire dans les comiques, Loiret dans les ganaches... Il y avait aussi un vieux comédien de grand talent, le père Ducouret, très remarquable dans les grimes, sachant tout le théâtre classique sur le bout du doigt ; car, à cette époque, le répertoire de la Comédie-Française était en grand honneur sur les scènes de province.

J'eus une inspiration. J'allai trouver mon directeur et lui fis des aveux complets ; il eut la bonté de ne pas se fâcher et de me rassurer sur mon troisième début ; il allait chercher, me dit-il, une combinaison favorable pour éviter une chute qui devenait imminente.

L'occasion ne se fit pas attendre. Montaland, le père de ma regrettée camarade Céline, venait d'arriver en représentation. Ils devaient jouer, tous deux, la Fille mal gardée, et finir le spectacle par le Roi de cœur, une charmante petite comédie, dans laquelle j'avais un rôle fort agréable : un petit amoureux, que l'on pouvait prendre pour une femme, à cause de sa juvénilité. Montaland me donna des conseils, je consacrai deux nuits à étudier mon personnage, et enfin, mon troisième début fut des plus heureux.

La presse se montra bienveillante; mon *trou* était fait.

Après Montaland, ce fut Frédérick Lemaître qui arriva, avec son beau répertoire.

J'eus l'honneur de jouer à ses côtés, dans *Paillasse*, un petit rôle très amusant, dans lequel j'eus encore le bonheur de réussir.

A partir de ce moment, j'étais tranquille : je pourrais achever cette année et apprendre un peu, en travaillant beaucoup. C'était là le grand point.

Malgré cette somme de 110 francs par mois, qui m'avait semblé si considérable, il me fallait, cependant, recourir, de temps à autre, à ma famille.

Ma bonne mère prenait le train, et, en m'apportant un peu d'argent, me donnait grand courage;

elle voyait mes progrès et repartait pour Paris, persuadée que ma place était marquée parmi les célébrités futures.

Sa grande sympathie pour le bon Dumaine lui avait suggéré l'idée de me recommander à lui.

Dans *Ruy Blas*, je jouais un des ministres du troisième acte; et c'est là que j'ai pu voir ce que Frédérick faisait de ce magnifique rôle.

Je suivais tous ses jeux de scène, le soir, dans la coulisse, et c'est ainsi qu'il m'a été donné d'admirer, dans le second acte, sa première entrevue avec la reine.

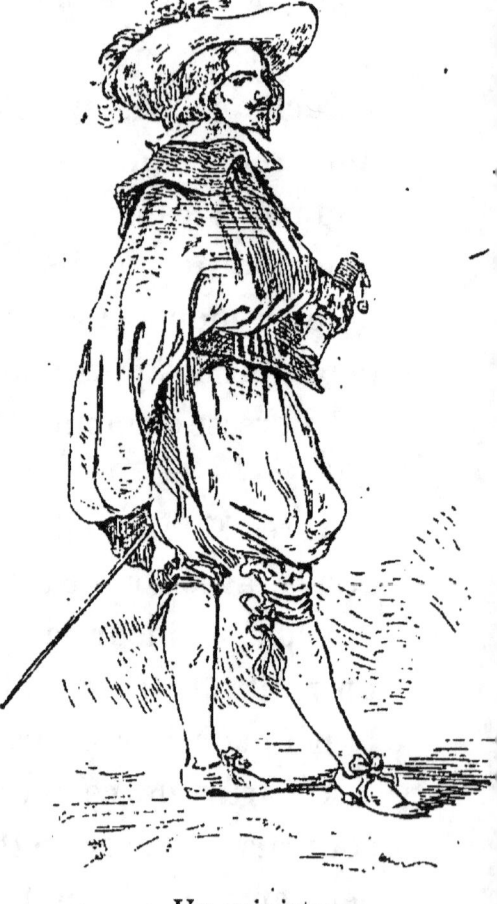

Un ministre
dans *Ruy Blas*.

Quand il entrait en scène, apportant le message du roi, il n'osait regarder Maria de Neubourg, et quand celle-ci lui adressait la parole, Frédérick fermait les yeux, en disant à mi-voix :

« Elle me voit, elle me parle. »

Je ne connais rien de plus touchant, de plus

vrai, de plus délicat; et ce détail, comme bien d'autres encore, fut, pour moi, un enseignement précieux.

Après Frédérick, vint Grassot du Palais-Royal; je jouai avec lui tout son répertoire, et je dois dire que, dans la fantaisie, il y avait là, encore, beaucoup à apprendre.

Puis, défilèrent successivement Rachel, Hyacinthe, Geoffroy, Levassor, Bouffé, Laferrière, Mlles Flore, Déjazet..

Il est incontestable que j'appris beaucoup au contact si différent de tous ces maîtres. En moins de sept mois, je jouai plus de cent rôles; et quelle variété, de Rachel à Levassor, de Frédérick à Grassot !

Mélingue semblait avoir raison, à ce moment; car, en peu de temps, j'avais appris le côté pratique de mon métier, bien que je ressemblasse un peu à un pianiste qui jouerait des polkas et des valses, sans avoir fait de gammes.

Mais, quelle existence, seigneur Dieu !

Quand j'entends se plaindre des jeunes gens qui n'ont eu que la peine de passer du faubourg Poissonnière à la rue Richelieu, pour entrer dans cette belle maison de Molière, je ne puis m'empêcher de sourire.

Jamais une journée de libre : les soirs où l'on donnait de l'opéra, il fallait apprendre ou répéter au foyer des artistes, copier mes rôles, faire, chaque jour, ma malle pour la représentation du soir.

Il y avait, parmi nous, un artiste qui était resté trois jours au Havre, avant d'avoir pu voir la mer ! Et cependant, au milieu de tous ces tracas, de ce travail surhumain, jamais de méchante humeur. Dans toute cette troupe, pas un mauvais coucheur : c'est que chacun piochait dur, n'étant pas sûr de trouver un nouvel engagement après celui-ci, s'il n'avait pas eu de succès.

Cependant, un soir, une amie de mon camarade Dumaine, une assez désagréable personne, avec laquelle j'avais eu, dans la journée, une petite difficulté, vint se plaindre à lui, exagérant les proportions d'un mince débat. Dumaine me présenta un peu vivement des observations à ce sujet ; la discussion s'envenima, à ce point que je fis un mouvement... mais, avant que j'aie pu me rendre un compte bien exact de ce qui s'était passé, je retombai sur mes pieds, après avoir fait une ascension aussi rapide qu'imprévue.

On nous sépara ; mais, mes camarades me firent comprendre que, pour l'honneur du théâtre, les choses ne pouvaient se passer ainsi, et, après des pourparlers interminables, une rencontre fut décidée pour le surlendemain, à 9 heures du matin, au pied des falaises.

La nuit se passa à faire mes préparatifs, à écrire à mes parents une lettre ridicule, où se retrouvaient des phrases de mélodrame ; cette épître achevée, j'essayai de prendre un peu de repos...

Dès la première heure, comme je procédais aux soins de ma toilette, mes témoins, qui venaient me chercher, me firent observer que ma tenue était impossible.

« Dans toutes les pièces où l'on se bat, disaient-ils, on est toujours en noir ! Et puis, pas de linge : ce serait un point de mire qui, inévitablement, m'attirerait une balle dans la tête ! »

Enfin, après bien des recommandations, qui eussent donné peur au plus brave, nous partîmes pour arriver avant mon adversaire... ce qui serait, disaient encore ces messieurs, du meilleur effet... La preuve c'est que, dans *Mathilde*, il y a une scène, où les témoins tiennent le même langage à leur client.

Comme nous arrivions sur le terrain, nous vîmes Dumaine et ses amis qui nous attendaient.

« Ne t'impressionne pas de ce retard, me disait un de mes témoins, et tire bien de bas en haut ; efface-toi le plus possible, afin que sa balle, si elle t'atteint, ne pénètre pas trop avant dans les chairs. »

C'était exquis !

Après les salutations d'usage, ces messieurs se mirent à discuter les dernières conditions du combat.

Pendant ce temps, Dumaine et moi étions restés à l'écart, nous regardant à la dérobée, mais, conservant, tous deux, l'attitude correcte qui convenait à la situation.

Au bout de quelques instants, il me sembla que mon adversaire me faisait un signe; que devais-je faire? Voyant que je restais à ma place, Dumaine s'approcha de moi et me dit très gravement :

« — Est-ce que tu tiens beaucoup à te battre ?

« — Moi, pas du tout, répondis-je ; cependant…

« — Oui, oui, reprit l'excellent artiste, j'ai été un peu vif, je le regrette… mais, songe que ta mère t'a recommandé à moi… et, s'il t'arrivait malheur, je ne m'en consolerais pas… Tu sais que tes témoins et les miens, sans méchanceté, mais, désireux d'assister à une *vraie rencontre*, vont nous faire faire quelque sottise. Si nous les laissions là, et si nous allions déjeuner aux Deux-Phares, chez Ruffin ?… Qu'en penses-tu ? »

Je ne pus m'empêcher de sourire ; et, sans rien dire, après avoir serré la main de mon grand camarade, je le suivis.

Quelques instants après, assis à une bonne table, de la fenêtre de notre cabinet qui surplombait la falaise, nous regardions nos témoins qui, après avoir mesuré le nombre de pas, chargé les armes, cherchaient avec surprise leurs clients disparus... tandis que Dumaine, en me présentant une large assiette, remplie de belles huîtres, me disait d'un ton dramatique :

« A vous de tirer, Monsieur ! »

Le soir même, tout fut expliqué, et il ne resta de cet incident qu'un souvenir, dont malheureusement Dumaine et Garraud ne peuvent plus rire.

La fin de la saison théâtrale s'acheva péniblement. M. Wermelin avait été moins qu'heureux, et nous terminâmes la campagne *en société*.

Le 30 avril 1851, je rentrais à Paris.

IV

Paris ! Jouer à Paris ! Ce rêve de tous les artistes, pourrai-je le réaliser ?

Je me présentai à l'Ambigu, dont la direction appartenait, à ce moment, à MM. de Chilly, Saint-Ernest, Arnault, Verner, Mmes Guyon, Naptal, Arnault.

Ces messieurs demandèrent à m'entendre.

L'audition eut lieu au théâtre des Gobelins, dans

un drame en 1 acte, en vers, de Cournier : *le Doute et la Croyance*, rôle de Fabio.

Je fus engagé, quelques jours après, pour trois ans, à partir du 1er octobre 1851, jusqu'au 30 avril 1853, aux appointements de 80 francs par mois, les deux premières années, et 1 000 francs pour la troisième.

Je débutai dans un vaudeville en 2 actes, de L. Judicis : *Du côté de la barbe est la toute-puissance*.

A cette époque, on arrivait au théâtre de bonne heure ; et, ce vaudeville, qui accompagnait sur l'affiche, le vieux mélodrame : *le Monstre et le Magicien*, qu'on venait de reprendre, fut joué assez longtemps.

Je créai successivement : *la Peau de chagrin*, *Sarah la Créole*, *le Capitaine Croquemitaine*, *le Vampire*, d'Alex. Dumas, *les Pâques véronaises*, *Marthe et Marie*, *le Mémorial de Sainte-Hélène*, et, les dimanches, je parus dans le répertoire *classique* : *Gaspardo le Pêcheur*, *Lazare le Pâtre*, *l'Abbaye de Castro*, etc., etc.

Pendant les répétitions du *Vampire*, de Dumas, je fus témoin d'un tour de force vraiment extraordinaire.

Comme nous achevions de répéter le deuxième tableau, tout à coup Dumas se leva, en disant :

« Décidément, ce tableau ne vaut rien ! Il faut le refaire ! » Chilly, qui voulait absolument passer le surlendemain, fit observer à l'auteur que ce changement entraînerait certainement un retard ; que la pièce était annoncée, etc.; etc.

« Aucun retard, répondit tranquillement l'auteur d'*Antony*; continuez à travailler sans moi ; le reste va bien ; je vais m'enfermer dans votre cabinet. Il est 2 heures, à 5 heures tout sera fait; ce soir, on copiera les rôles ; demain matin, collation à 11 heures ; à midi, je mettrai en scène, et, si les artistes font preuve de bonne volonté, rien ne sera changé à la date de la première représentation.

A 5 heures, Dumas nous lisait son nouveau travail : c'était merveilleux de verve, d'habileté; à 5 heures et demie, le copiste emportait le manuscrit, et, le lendemain à 11 heures, on collationnait.

Dumas, qui n'avait pas eu le temps de déjeuner, s'était fait apporter en scène un saladier de bœuf à

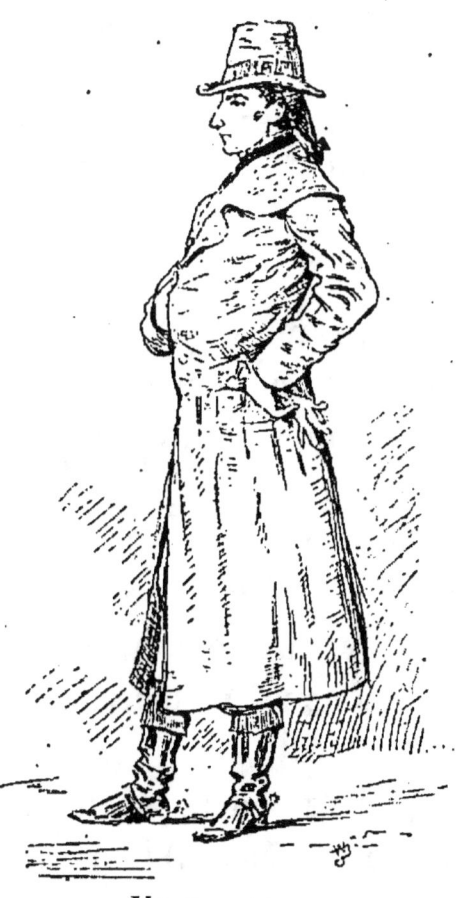

Un voyageur
dans *Le Vampire*.

l'huile; et, comme il faisait très chaud, en manches de chemise, tout en avalant bouchées sur bouchées, il mettait en scène le travail improvisé de la veille, et je dois dire que ce tableau eut un grand succès à la première.

Un jour que je le reconduisais chez lui, rue de la Bruyère, où il avait un rendez-vous d'affaires, comme il était pressé, et que le fiacre n'allait pas assez rapidement, à son gré :

« As-tu remarqué une chose, me dit-il, en me montrant les autres voitures qui nous dépassaient : c'est toujours la voiture dans laquelle on n'est pas, qui va le plus vite. »

Ah ! ce petit appartement de la rue de la Bruyère, je le vois encore. Dumas avait, à cette époque, un domestique noir du nom d'Ali ; un soir, après le théâtre, notre aimable auteur nous avait invités à souper.

Après avoir réveillé Ali, ce qui demandait un certain temps et beaucoup de patience, Dumas lui donna l'ordre de nous faire une omelette, qui devait faire le fonds de ce repas improvisé.

Ali, de très méchante humeur, ne répondit rien et s'en fut à la cuisine.

Au bout d'une demi-heure, ne voyant rien venir, son maître alla lui-même voir où en était l'omelette si vivement attendue.

Tout à coup, nous vîmes reparaître le grand homme, qui se tenait les côtes, en se tordant de rire.

« — Et l'omelette, dit l'un de nous, je suis sûr qu'elle n'est pas faite ?

« — Si, pardieu, nous répondit Dumas, qui semblait trouver cela très naturel, Ali a bien fait l'omelette ; mais, après l'avoir mangée, il est allé se recoucher ! Un peu de patience, messieurs ; c'est moi qui vais vous en confectionner une, et vous n'y

Il avait raison, ce beau prodigue, il en vint à l'heure du dîner, de toutes sortes, de tous les pays.

Un convive qui arrivait très en retard, et auquel il demandait son nom, en s'excusant de son peu de mémoire, qui ne lui rappelait même plus où il l'avait rencontré une première fois, lui répondit :

« — Comment, cher maître, vous ne vous en souvenez plus ? c'était sur le bateau qui va de Naples en Sicile... il y a deux ans, vous m'avez dit : venez donc un jour dîner avec moi.

« — Et comme tu vois, me dit Dumas, il est venu ! »

Au dessert, comme on versait du vin de Chypre dans de grands verres dépareillés, je l'entendis murmurer, avec une douce mélancolie : « l'apothéose du désordre ! »

Parmi les divers ouvrages créés sur cette scène de l'Ambigu, il convient de citer *la Rose et le Croque-Mort,* cinq actes curieux de Brisebarre.

L'affiche, elle-même, était étonnante ; le titre se détachait vigoureusement, entouré d'une couronne de roses ; chaque nom d'artiste semblait tenir lieu de feuillage.

Le bon gros Laurent jouait un personnage, que la misère amenait à entrer aux pompes funèbres.

Au dernier acte, c'est lui qui disait le mot final.

En montrant au public tous les croque-morts, cochers, etc., réunis dans un banquet et chantant tous une ronde :

« — Ils ne sont pas gais, murmurait Laurent. Je les lâche !... mais, je garde l'habit, j'y ferai mettre un collet de velours ! »

Brisebarre, on le voit, devançait le Théâtre-Libre. Il y a, aussi, un autre gros mélodrame, dont il m'est difficile de ne pas parler : *le Mémorial de Sainte-Hélène*, 5 actes de Michel Carré et Jules Barbier.

Saint-Ernest, un artiste plus dépourvu de nez que de talent, jouait l'Empereur.

Son camarade Fechter avait l'obligeance de venir, chaque soir, lui fabriquer un appendice nasal, en cire molle. Il lui avait rendu déjà le même service dans *Louis XVI et Marie-Antoinette*, où ce même Saint-Ernest représentait le royal martyr.

Un soir, à l'acte où l'Empereur meurt en scène dans son petit lit de fer — en se retournant, Saint-Ernest ayant fait un brusque mouvement, laissa son nez postiche sur l'oreiller, ne présentant plus au public qu'une face ronde, surmontée de la mèche légendaire. Ce fut un fou rire dans la salle.

« Chaque fois que Fechter voit Saint-Ernest, disait Laurent, *il fait son nez !* »

Pendant les répétitions de cette pièce, M. de Lascases venait quelquefois donner, à Saint-Ernest, des indications sur son personnage historique.

Je me souviens d'une petite anecdote, contée par l'auteur du livre qui porte le même titre que la pièce dont il est question.

C'était au retour de l'île d'Elbe, on avait couché dans un petit village ; le matin, de très bonne heure, l'Empereur, qui était debout le premier, sans avoir eu recours aux services de son valet de chambre, l'Empereur, dis-je, après avoir consulté le temps, cria à Marchand :

« Descends-moi mon chapeau... puis, après avoir étendu la main au dehors, et sentant quelques gouttes de pluie, il ajouta : mon vieux chapeau ! »

Ce mot explique bien l'étonnement qu'éprouvait Bonaparte, en recevant le mémoire de la modiste de Joséphine.

« Trois cents francs de chapeaux, disait-il, en souriant. Tu en mets donc deux à la fois ? »

Un autre trait de l'Empereur me revient en mémoire. Je le tiens du fils du général Bertrand.

L'Empereur, tout en dictant une lettre à Caulincourt, cherchait à atteindre sur un rayon de sa bibliothèque, un volume de Tacite, dont il avait besoin ; Caulaincourt se leva aussitôt :

« — Que votre Majesté me permette de lui venir en aide. Je suis plus grand qu'Elle !

« — Vous voulez dire plus long, sans doute, répondit Napoléon. »

Saint-Léon, un de mes vieux camarades au théâtre de l'Odéon, dont le père avait été capitaine dans la Garde impériale, nous racontait un curieux épisode de Napoléon Ier.

C'était au surlendemain de Waterloo. Dans le grand salon d'honneur, au palais du Luxembourg, l'Empereur qui avait demandé une nouvelle levée d'hommes pour reprendre les hostilités, attendait anxieusement la réponse du Sénat.

La pluie tombait à torrents, et Napoléon battait une marche sur les vitres ruisselantes.

« Avec son chapeau enfoncé sur les yeux, ajoutait Saint-Léon, sa redingote grise, dont le collet était relevé ; avec ses bottes encore tachées de la boue du champ de bataille, l'aspect de l'admirable vaincu était si terrible, que je me serrais avec frayeur contre mon père. »

Quand on vint annoncer à Napoléon le refus du Sénat, il laissa échapper ces mots :

« Ah ! ces Français ! je les ai tellement habitués à la victoire, qu'ils ne savent même pas supporter un revers ! »

En croquant, ici, ces souvenirs de l'épopée impériale, je me souviens de l'effet que produisait au théâtre du Cirque — boulevard du Temple — une scène très émouvante du séjour de l'Empereur à Sainte-Hélène.

Au dernier tableau, le théâtre représentait Sainte-Hélène, au soleil couchant; dans une splendide décoration, on voyait l'Empereur descendre silencieusement un petit sentier à travers les rochers; au premier plan, une sentinelle anglaise barrait la route au colossal prisonnier; après un mouvement de révolte, aussitôt réprimé, sans rien dire, Napoléon reprenait, avec résignation, le chemin qu'il venait de parcourir.

Pendant cette scène muette, l'orchestre jouait, en sourdine, la célèbre phrase : *Triste exilé sur la terre étrangère*. Et le rideau tombait lentement. Impossible de décrire l'effet de ce tableau. Il faut l'avoir vu pour s'en rendre compte.

Vers le milieu de ma seconde année, je sentis que j'étais encore trop jeune, que j'avais encore trop à apprendre pour rester dans un théâtre, où les petits rôles mêmes étaient tenus par des artistes de mérite, et qu'il me fallait chercher une scène plus modeste, où j'aurais chance d'avoir une création importante.

La composition de la troupe de l'Ambigu était admirable, à cette époque: Mondidier, le créateur de Montéclain de la *Closerie des Genêts* ; Saint-Ernest,

Lacressonnière, Arnault, Laurent; ce comique si fin, si vrai, si aimé du public, Mathis, ce comédien si consciencieux, qui jouant, dans *les Bohémiens de Paris*, un pauvre homme qui cherche dans l'ivresse l'oubli de ses malheurs, poussait le soin de la vérité jusqu'à se coller des larmes en gomme, Verner, si amusant dans son rôle de Dominique de la *Closerie* ; Goujet, un jeune premier très sympathique, Paulin Ménier, Alexandre, Mmes Guyon, Lucie Mabire, Naptal Arnault, Marie Clarisse, qui avait eu de grands succès à la Gaîté.

Je résiliai donc mon engagement avec l'Ambigu. Gaspari allait ouvrir le théâtre Beaumarchais, il m'engagea avec promesse de beaux rôles ; mais, quant aux appointements, il fallait encore faire un sacrifice. Je signai donc pour trois ans, aux appointements de 80 francs par mois, la première année, 100 francs, la deuxième, et, la troisième, une représentation à mon bénéfice.

Ce n'était pas encore la fortune, mais, ce qui y conduit : l'étude et le succès.

Gaspari avait bien recruté son petit personnel :

Lui-même était un comédien distingué, très remarqué au théâtre historique, dans la *Marâtre*; sa femme avait une réelle valeur; elle eût pu tenir avec succès son emploi, soit au Vaudeville, soit au Gymnase ;

Sa sœur, Hortense Cavalié, une réjouissante soubrette ; un pauvre garçon, mort depuis, Laîné, qui avait appartenu au Palais-Royal, bien placé dans les *rondeurs* (genre Félix), Frédéric Couty, un amoureux d'une excellente tenue, qui est devenu un peintre de talent, Lassouche, dont le nom seul me dispense d'une note biographique, Jouanni, qui devint ensuite pensionnaire de la Comédie-Française, après avoir chanté, en italien, les rôles de baryton, sous le pseudonyme de Pédorlini.

C'est avec cette petite troupe, jeune, vaillante, que Gaspari ouvrit son théâtre, le 1er septembre 1852, par un drame en 5 actes d'Adrien Robert (Charles Basset) ayant pour titre *Paul Dartenay*, et dans lequel je fis mon début, par le rôle de M. Flamarens.

Quel bon public ! Arrivé à 6 heures, il attendait le dernier mot pour se lever, aimant ses artistes, leur donnant du courage, en leur distribuant très intelligemment ses applaudissements.

C'est un des meilleurs souvenirs de ma carrière que celui des deux années passées en compagnie d'un aussi galant homme que Gaspari et des excellents artistes, qui étaient alors mes camarades et mes amis.

Après avoir créé douze rôles, repris une pièce, soit treize rôles (54 actes), je dus résilier à l'amiable cet engagement ; voici dans quelles conditions :

Un soir que Mme Lucie Mabire était venue à Beaumarchais, elle me remarqua et parla de moi à Marc Fournier, alors directeur de la Porte-Saint-Martin, qui cherchait un amoureux pour jouer, dans *la Jeunesse des Mousquetaires*, le rôle de Georges, au prologue.

Marc Fournier me fit prier de passer le voir de suite. Que de souvenirs ce nom évoque en ma pensée ; que de belles premières représentations ! Ce directeur m'a toujours fait songer à M. Fouquet.

C'est ce Fournier qui, le soir d'une répétition générale, disait à Chéret.

— « Ce décor ne vaut rien ; nous nous sommes trompés, il faut m'en faire un autre pour après-demain.

« — Mais c'est impossible, répondait le célèbre décorateur.

« — Je ne demande pas ce que cela coûtera, répondait l'auteur des *Nuits de la scène ;* il faut qu'il soit prêt ; nous reculerons la première, de deux jours s'il le faut ; mais, je ne veux pas de cette tache dans ma mise en scène. »

Pauvre Fournier ! il a été le promoteur inconscient de ce faste, de ce luxe qui encombre aujourd'hui le théâtre, noyant quelquefois l'action dans les splendeurs d'une mise en scène ruineuse ; il a élargi de ses mains la route qui a conduit à la faillite les malheureux directeurs qui ont essayé de l'imiter.

Et c'est grand dommage; car, c'était une haute intelligence, un metteur en scène incomparable; pour ma part, j'ai appris à ses côtés bien des choses, et le souvenir de sa façon de faire m'a souvent tiré d'embarras.

« Eh bien! monsieur, me dit Fournier, en me voyant entrer dans son cabinet, Mme Lucie Mabire m'a dit qu'elle vous avait remarqué dans un drame, que vous jouez à Beaumarchais, je crois; elle m'a assuré que vous avez de grandes qualités; je m'en remets à elle, n'ayant pas le temps de vous donner une audition, qui, d'ailleurs, ne prouverait rien. Voilà ce qu'il faut faire : apprendre de suite le rôle de Georges, du prologue de *la Jeunesse des Mousquetaires*, que nous jouons après-demain; nous sommes aujourd'hui jeudi, il faut donc monter de suite au magasin, où l'on vous prendra mesure de votre costume; à 4 heures, vous aurez un raccord avec le régisseur, qui vous indiquera vos positions; ce soir, vous répéterez avec Dumas. Demain, répétition générale, et samedi soir, vous débuterez à la Porte-Saint-Martin, où vous êtes engagé pour deux ans, à 1.200 francs, du 1er février 1854 au 30 janvier 1856.

« Mme Lucie Mabire a parlé de vous à Mélingue;

nous avons causé avec lui de tout cela hier soir, il m'a appris que vous tiriez au sort l'année prochaine; je donnerai une représentation à votre bénéfice, pour vous acheter un remplaçant; vous prendrez des leçons de diction et d'articulation avec M. Aristide, vous ferez des armes deux fois par semaine.

Et comme je restais ébahi :

« — Eh bien, jeune homme, tout cela vous va-t-il ?

« — Mais, mon engagement avec Gaspari ! balbutiai-je timidement.

« — Voyez votre directeur, répondit Fournier, et soyez ici, à 3 heures, pour signer votre engagement; mais, avant toute chose, allez chez le costumier : c'est le plus pressé. »

Un quart d'heure après, Morin m'avait pris mesure et montré le croquis de Giraud.

Une heure après, j'avais en poche la résiliation du contrat qui me liait à Beaumarchais. Gaspari avait été on ne peut plus aimable. A 3 heures et demie, j'entrai chez mon nouveau directeur, qui me dit simplement :

« Vous êtes en retard d'une demi-heure, jeune homme ! » Je croyais, cependant, avoir fait bien des choses en peu de temps !

A 4 heures, Daudel régisseur général, m'indiquait ma mise en scène, pendant que Walteufeld, alors sous-chef d'orchestre, me faisait entendre la musique de scène qui accompagnait mes entrées et mes sorties.

Tout cela allait avec une rapidité si vertigineuse, que je croyais rêver ; on sentait que Dumas était dans la maison.

Je rentrai chez moi tout enfiévré.

A 6 heures, je savais mon rôle ; à 6 heures et demie, j'avais rendez-vous avec Mme Lucie Mabire et Charly, qui avaient la bonté de me faire répéter mes scènes au Foyer ; et, enfin, à 7 heures précises, j'entendais l'orchestre jouer l'ouverture.

Le cœur me battait bien fort, en pensant que j'allais paraître devant Dumas.

Daudel se tenait dans la coulisse, derrière moi, une brochure à la main ; tout à coup, je me sentis poussé violemment et j'entendis une voix qui me criait : « A vous donc, à vous ! »

J'entre ; mais, un bruit formidable exécuté par l'orchestre m'interdit, et je reste, cloué sur le seuil de la porte.

Alors, une voix me cria :

— « Eh bien, qu'est-ce qui t'arrête ?... » C'était Dumas.

« Je vous demande pardon, monsieur Dumas ; mais, c'est que j'ai encore dans l'oreille le modeste orchestre de Beaumarchais ; cette musique m'a un peu troublé... et puis, le théâtre est si grand qu'il me semble que je ne pourrais jamais, même en marchant vite, arriver jusqu'à Mme Lucie Mabire.

Et la bonne grosse voix de Dumas me répondit : « Eh bien, cours ! »

On recommença ; et, cette fois, m'élançant, je vins tomber aux pieds de milady de Winter, en lui disant : « Toi, c'est toi ! »

— Ça y est ; c'est très bien, me cria Dumas indulgent, comme tous les auteurs de talent.

Après l'acte, il voulut bien me complimenter — je devrais dire m'encourager... Un peu trop d'émotion encore, dit-il, mais, cela n'est pas mauvais ; avec une bonne répétition, demain matin, tout ira bien et nous passerons demain soir.

Je rentrai chez moi, moulu, brisé, en proie à un malaise, dont je finis par comprendre la cause.

J'avais oublié de déjeuner et de dîner.

V

C'était un charmant théâtre que celui de la Porte-Saint-Martin, un joli cadre, ni trop grand, ni trop petit, excellent pour la voix et dont la clientèle était plus relevée que celle de la Gaîté et de l'Ambigu.

Marc Fournier faisait admirablement répéter — ce n'était pas seulement un metteur en scène, c'était un artiste plein de goût; ses tendances littéraires lui faisaient diriger le mouvement de son théâtre, plus vers la comédie dramatique que vers le mélodrame, dont les formules commençaient à faire sourire.

Il suffit de jeter un coup d'œil sur les pièces montées par lui pour s'en rendre un compte bien exact :

Benvenuto Cellini, *l'Imagier de Harlem*, cette œuvre si curieuse, *la Vie d'une comédienne*, *le Comte de Lavernie*, *l'Honneur de la maison*, qui mérite une mention toute spéciale, et dont les deux jeunes auteurs, Léon Battu et Maurice Desvignes, furent couronnés par l'Académie.

Si, maintenant, on présentait au comité de la rue de Richelieu un drame comme celui de *l'Honneur de la maison*, il serait reçu par acclamation et à la plus complète unanimité.

J'entends souvent déplorer la pénurie, où nous sommes, d'auteurs et de comédiens.

Il faut bien reconnaître, cependant, que chaque fois qu'il y a eu des auteurs, les interprètes n'ont jamais fait défaut.

L'époque romantique de 1830 en est la plus irréfutable preuve.

Ce qui manque, surtout, aujourd'hui, c'est le public ; non pas celui qui fait la recette, mais, ce vrai, ce seul public qui consacre les réputations, pour qui le théâtre est une passion et non un délassement, ce petit noyau de délicats et de convaincus qui, jadis, se battaient pour ou contre un vers d'Hugo.

Mais, revenons à la Porte-Saint-Martin. Il régnait dans ce théâtre, un véritable esprit de camaraderie ; il est vrai de dire que chaque artiste était en possession d'un emploi bien déterminé, ce qui évitait toute compétition.

La troupe se composait de Mélingue, Bignon, Al. Baron, Henri Luguet, Ambroise, Vannoy, Boutin, Colbrun, Brésil, Valnay, Charly, Mmes Lucie Mabire et Guyon, qui toutes deux venaient de résilier avec l'Ambigu. Mmes Lia Félix, Roger Solie, et Thaïs Petit, Baron Ulric Lejars, Bligny.

Je jouai successivement, sur cette scène, *la Jeunesse des Mousquetaires*, *la Vie d'une comédienne*, *Schamyl*, *les Nuits de la Seine*, *les Noces vénitiennes*, avec Ligier, *le Gamin de Paris* et *Pauvre Jacques*, avec Bouffé, *l'Honneur de la maison*, *le Comte de Lavernie*.

Je me souviens d'un détail assez amusant, à propos de ce *Schamyl* de Paul Meurice.

Je jouais un jeune circassien.

Il y avait, au deuxième acte, un splendide décor représentant une gorge sauvage au Caucase ; à droite, un énorme praticable qui se perdait dans les frises.

Dès le premier jour, j'avais rêvé de faire mon entrée par cette splendide montagne ; et, comme je venais de paraître sur la plate-forme et que je descendais gravement les marches taillées dans le roc, j'entendis tout à coup une voix, qui me criait avec fureur :

— Voulez-vous descendre ; voulez-vous bien descendre : c'est la montagne de M. Mélingue ! Et je redescendis piteusement, ignorant que Mélingue avait droit, par engagement, à une montagne réservée.

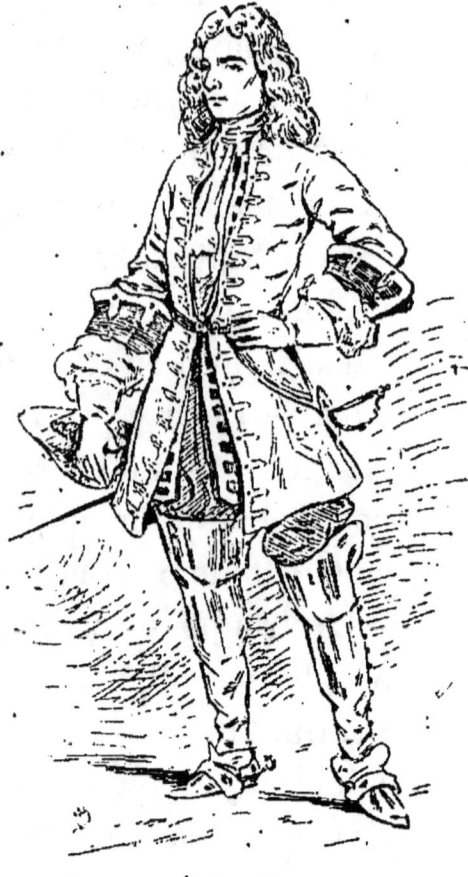

Amaury
dans *Le Comte de Lavernie.*

Depuis, nous en avons bien ri tous deux.

Je n'ai jamais connu un artiste plus aimé du public que ce grand gamin ; en arrivant au théâtre pour s'y costumer, vers 3 heures et demie, 4 heures au plus tard — on jouait à 7 heures — il jetait quelquefois son cigare avant de pénétrer dans le théâtre. Si vous aviez vu, alors, s'abattre sur le trottoir la nuée de petits voyous, qui attendaient l'arrivée et le départ de leur acteur favori, vous auriez été frappé de l'expression de joie et d'admiration qu'il y avait dans l'œil de celui qui avait été assez heureux pour s'emparer de l'objet si vivement disputé ; songez donc ! le cigare de Lagardère, de d'Artagnan, de Benvenuto Cellini, de Salvator Rosa, du comte Hermann, du chevalier de Maison-Rouge, que sais-je encore !...

A cette époque, il gagnait 300 francs par soirée, et Fournier répondait toujours à ceux qui s'étonnaient d'une aussi grosse somme attribuée à un seul artiste :

— Mais oui, 300 francs ; et, je les lui donne, avec autant de plaisir que de raison ; son nom sur l'affiche fait, à lui seul, plus de 500 francs de petites place chaque soir.

Il mettait trois heures à se costumer, à réfléchir, à penser à son rôle.

Quand on avait vu arriver ce grand corps voûté, cette tête fine et railleuse ornée de longs cheveux tombant tout droit sur ses épaules et qu'on voyait apparaître en scène le chevalier de Lagardère, on restait ébloui d'une telle transformation.

La tête haute, le corps bien effacé, la main élégante, grâce à de merveilleuses combinaisons d'attitude, les cheveux savamment disposés... il était splendide. Le public, qui apprécie fort le physique au théâtre, à la première représentation de la reprise de *Lucrèce Borgia*, l'applaudit à trois reprises successives, tant il était magnifiquement costumé dans son rôle d'Alphonse d'Este.

C'était le modèle des maris et un tendre père. Le soir, après le théâtre, que de fois en remontant à Belleville que nous habitions, lui, rue Levert, moi, à quelques pas de cette maison si coquette, si artistique, où ce brave cœur se sentait si heureux de vivre, que de fois, j'ai eu la joie de souper avec lui sur une petite table placée dans la chambre de sa femme (qui fut aussi une grande artiste). Jamais Mme Mélingue ne s'endormait avant que son mari ne fut rentré et ne lui eut raconté sa soirée par le menu détail.

Et puis, il avait une autre qualité maîtresse, qualité qui semble disparaître chaque jour. Tout ce qu'il faisait semblait l'amuser ; il apportait en scène, outre la belle humeur qu'exigeait son rôle, sa propre belle humeur à lui et la joie de paraître avec succès devant un public pour lequel il avait le respect que tout artiste doit professer, s'il veut lui-même être respecté du public.

Un mot sur le comédien.

Il concevait largement un rôle ; il faisait du théâtre comme on fait du décor, à grands plans. Sa grande préoccupation, quand on lui apportait un rôle, était que la première partie de son personnage fut comique ; il savait bien quelle force il y a dans le rire, et qu'après avoir été amusant, pittoresque, pendant deux actes, il pourrait, après cela, entrer avec toute confiance dans la partie dramatique.

Aujourd'hui, on écrirait de lui : *ce n'est pas un diseur*. Non ; mais, c'était un acteur charmant, gouailleur, beau d'aspect, et dont les moyens d'exécution lui permettaient de jouer des scènes qui exigent des poumons d'acier.

A quelqu'un qui lui demandait pourquoi il criait si fort à son entrée, il répondait : Il le faut bien ; sans cela, on ne saurait pas que c'est Mélingue !

Quand on songe qu'il a joué, plus de *deux cents fois* de suite, ce rôle écrasant du Bossu, où il changeait onze fois de costume, on comprend qu'il avait été forcé d'arranger sa vie de façon à n'exister que pour son théâtre. Il ne faisait jamais changer un spectacle.

Hélas ! c'est un de ceux dont la race disparaît ; aussi, je suis heureux de pouvoir lui consacrer quelques lignes dans ces souvenirs.

Quelque temps après, j'eus le plaisir de jouer

avec Ligier, *les Noces vénitiennes*, de V. Séjour.

C'était un artiste d'une grande puissance, M. Ligier ; mais, au point de vue du pittoresque, quel singulier contraste avec Mélingue.

Il eut du succès ; mais, le comédien n'était pas dans son cadre, bien qu'ayant créé, à ce même théâtre de la Porte-Saint-Martin, *Marino Faliero*, avant d'entrer à la Comédie-Française.

La pièce de Séjour n'eut qu'un petit nombre de représentations.

Puis vint Bouffé, avec qui l'on donna *le Gamin de Paris* et *Pauvre Jacques*.

Tout a été dit, je crois, sur ce merveilleux comédien, dont la nervosité n'avait d'égal que son peu de sincérité. Je m'explique : avec lui, tout par l'art, une sorte de mécanisme pouvant se démontrer et même se démonter.

Faut-il pleurer sincèrement pour faire pleurer, ou paraître verser des larmes pour en faire couler ? La question est toujours pendante ; car, si elle se résout dans un sens avec celui-ci, connaissant admirablement tous les secrets, toutes les ressources de son art, elle se résout dans le sens contraire, avec celui-là, qui sans artifice, se laisse aller sincèrement aux sentiments qu'il exprime, à la douleur qu'il ressent, grâce à la conviction profonde, qu'il apporte à l'interprétation de son personnage.

Pour mieux me faire comprendre, je prends deux comédiens avec lesquels j'ai eu l'honneur de jouer.

Bouffé, qui au milieu de la scène la plus pathétique, alors qu'il semblait en proie au plus violent désespoir, trouvait moyen de me dire, entre deux phrases : avancez donc la chaise ! et, par ce seul fait, arrêtait en moi toute émotion.

Comme contraste, je place en face de lui Frédérick Lemaitre, qui, entrant en scène dans *Paillasse*, alors qu'il lisait la lettre, qui lui annonce que sa femme l'abandonne, pleurait de vraies larmes.

L'émotion profonde est communicative, et je me persuade difficilement que le public ne devait pas être plus touché de cette douleur sincère, *dont la preuve était visible*, que des procédés savants employés par un comédien n'arrivant à l'effet qu'à force d'artifices.

La conviction, la sincérité sont le propre du génie, et font les Frédérick Lemaitre.

L'adresse et l'art le plus habile donnent des comédiens de grand talent comme Bouffé.

On y faisait de terribles charges, dans ce théâtre de la Porte-Saint-Martin, et il fallait vraiment quelquefois un bon caractère pour ne pas se fâcher.

Il est certain que, quand on joue une pièce cent fois de suite, on n'est pas toujours disposé à être absolument convaincu, surtout dans une troupe composée d'artistes aussi gais, aussi fantaisistes que l'étaient mes regrettés camarades H. Luguet, Charly, Boutin, Colbrun.

Je me souviens qu'un soir, dans *la Jeunesse des Mousquetaires*, désespéré d'amour, déshonoré de nom, je demandais à Charly, qui jouait mon frère, une arme pour en finir avec ma triste vie.

« Tu veux mourir, me répondait-il ? Et comprenant que c'était le seul moyen de m'épargner une mort honteuse, un châtiment terrible, détournant la tête, il devait me tendre un pistolet, en ajoutant ces mots : Embrasse-moi donc... et prends ! »

Jugez de ma surprise, de mon embarras en le voyant tirer de dessous son manteau un énorme yatagan. Il n'y avait pas à hésiter. Je saisis cette arme inattendue et m'élançai dans la coulisse, où le vieux Vissot (régisseur de la scène), igno-

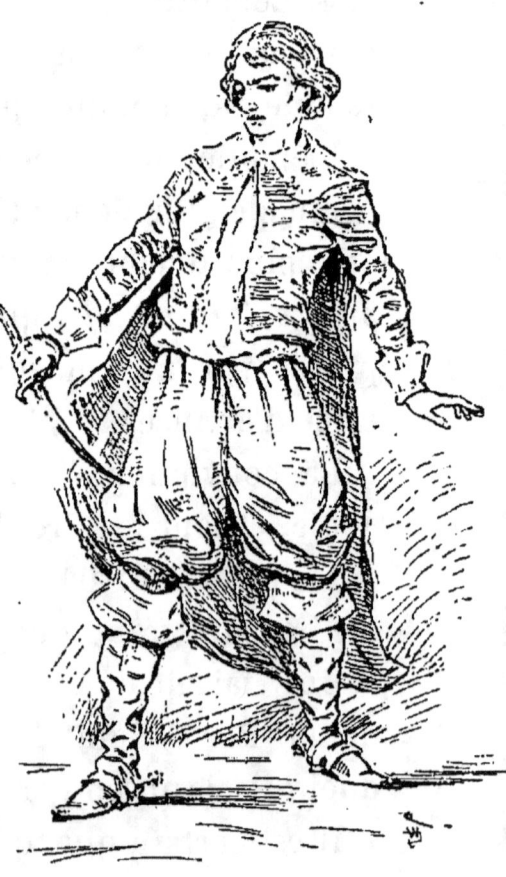

Georges dans *La Jeunesse des Mousquetaires*.

rant l'arme dont Charly m'avait gratifié, déchargeait consciencieusement un pistolet en l'air.

Se brûler la cervelle avec un yatagan ! c'est égal, en y réfléchissant, c'est raide ; mais le public, qui, heureusement, ne comprend jamais que ce qu'il doit comprendre, qui ne voit jamais que ce qu'il doit voir, ne parut pas faire grande attention à ce suicide phénoménal, fort heureusement pour nous ; car, nous eussions payé les frais de cette gaminerie... et c'eût été justice.

Avant de clore ce chapitre relatif à mon séjour au théâtre de la Porte-Saint-Martin, il me revient en mémoire plusieurs incidents curieux, que je crois devoir relater dans ce journal.

Le foyer des artistes, à cette époque, recevait la visite assez assidue de célébrités mondaines, littéraires, artistiques et politiques.

J'y ai vu Gérard, le célèbre tueur de lions, dont la devise était bien simple :

« Pour bien tuer le lion, il ne faut être que deux : soi, et le lion. »

J'y ai vu Abd-el-Kader, conduit par le colonel Fleury. Je me souviens que, pendant sa visite, l'émir ne cessa d'égrener un chapelet.

J'y ai vu également, pour la dernière fois, Gérard de Nerval, qui en sortant du théâtre, alla se pendre rue de la Clef.

Lepeintre aîné, ce comédien d'un si grand talent, se jeta dans le canal, en quittant un soir ce même foyer de la Porte-Saint-Martin, ce qui fit dire à Colbrun :

« Ah çà, mais ils prennent donc notre foyer pour l'antichambre de la Morgue ! »

J'y ai rencontré, souvent aussi, un type célèbre, par ses excentricités à la Don Quichotte, Choquart, le seul, le grand Choquart !

Il avait été garde du corps de Sa Majesté Charles X. C'est lui qui, rencontrant un officier de cuirassiers sur le boulevard, allant à lui et frappant sur sa cuirasse lui demandait :

« Y a-t-il quelqu'un là dedans ? »

Ce qui lui valut une paire de soufflets, suivie d'un coup d'épée, qu'il recevait toujours d'ailleurs.

Un autre soir, au café d'Orsay, entendant un monsieur qui répondait au garçon lui demandant s'il aimait le veau :

« — Oui, donnez-moi du veau ; j'aime assez le veau...

« — C'est trop fort, s'écriait Choquart ; on n'aime pas le veau, monsieur : on l'adore, ou on le traîne dans la boue ! » Nouvelles gifles... nouveau coup d'épée, qu'il empochait avec une résignation touchante.

Il nous racontait parfois des histoires bien amusantes. Un soir, nous disait-il, je fus accosté dans la rue par une femme charmante. Après un souper exquis, une nuit adorable! Jugez de ma joie quand je m'aperçus, au jour, que c'était une p..... légitimiste!.

Mais son triomphe, c'était le récit de la bataille des gardes du corps avec les cochers de Saint-Cloud. Je lui laisse la parole :

« Nous prenions nos repas à la Tête Noire; un jour, pendant que nous achevions de déjeuner avec quelques gardes du corps de Sa Majesté, nous vîmes entrer dans notre salle un cocher !. Nous le priâmes de sortir; il s'y refusa, nous disant des injures. Je le pris par la peau du dos, et le jetai par la fenêtre. Il remonta; je le jetai, de nouveau, par la même fenêtre. Alors, tous les cochers montèrent à leur tour et, à mesure qu'ils pénétraient dans la salle, on les précipitait par les fenêtres, si bien que les gens qui passaient dans la rue, disaient en *étendant la main :*

« Ah çà !... que se passe-t-il donc ! Il n'est jamais
« tombé tant de cochers que cela à Saint-Cloud!!! »

Pauvre Choquart, il mourut à Belleville dans une petite chambre plus que modeste, où nous allions, à tour de rôle, le veiller et lui tenir compagnie; il avait été assommé, en rentrant une nuit, par une bande de mauvais drôles.

« Voyez, mon cher, me disait-il, dans quel état m'a mis cette canaille : ce sont des lâches... ces gens-là vous battent et ne se battent pas, ajoutait-il, avec un souverain mépris. Sans les petits comédiens du boulevard, qui connaissaient tous ce grand enfant, le beau garde du corps de Sa Majesté Charles X n'aurait même pas eu un petit coin de terre, pour y reposer ce corps qui n'était qu'une suite de contusions, de plaies et de blessures.

Je parlais de suicide. Cela me remet en mémoire l'anecdote suivante :

Un comédien qui, lui aussi, le pauvre, alla au-devant de la mort, ce fut Villars longtemps pensionnaire au théâtre Michel, avant d'entrer au Gymnase.

On était à Pétersbourg, au moment du carême ; l'excellent artiste, qui était très gourmand, avisa chez un confiseur un splendide pâté de saumon truffé ; après bien des œillades au comestible, dont le seul aspect lui faisait oublier le vent glacial qui soufflait sur la Perspective, il se décida à entrer dans le magasin :

« — Combien ce pâté ? demanda-t-il au comptoir.

« — Quinze roubles ! lui fut-il répondu.

« — Diable ! fit le comédien, quinze roubles... c'est un peu cher pour ma bourse... je sais bien qu'il est superbe, mais, vraiment ce ne serait pas raisonnable !

« — C'est le dernier prix ?

« — C'est le dernier prix ! »

Sur ce mot, Villars s'en allait tristement, non sans avoir adressé, dans un regard, un suprême et déchirant adieu au pâté tentateur; il n'avait pas fait dix pas que le hasard le mit en face du général Guédéonoff, qui descendait de son droscky.

« — Tiens ! c'est vous, Villars, lui dit familièrement le général, qui était surintendant des théâtres impériaux; ah ! mon cher, ce que c'est que de nous ! Ce pauvre baron Youssouff, avec qui nous avons soupé hier soir, et qui devait nous donner à déjeuner demain...

« — Eh bien, général, dit Villars ?

« — On l'a trouvé mort dans son lit, ce matin à 9 heures; hein ! faites donc des projets... Imposez-vous donc des privations ! Mais, vous allez prendre froid ; à ce soir, Villars. »

Resté seul, Villars réfléchit un instant; puis, revenant sur ses pas, il entra brusquement chez le confiseur, en disant d'une voix brève :

« Donnez-moi le pâté ? »

Un fait assez curieux, dont nous nous entretînmes longtemps à ce même foyer, et que je ne crois pas pouvoir passer sous silence, nous causa, à Mélingue et à moi, une émotion facile à comprendre.

On donnait, à ce moment, *Schamyl ;* chaque soir, à un tableau qui représentait l'évasion de Schamyl de la forteresse de l'achulgho, des sentinelles russes devaient tirer sur le radeau que nous montions, mon camarade et moi ; un soir, au moment de commencer, un des figurants en renversant son fusil, resta fort surpris en voyant tomber une balle à ses pieds. Immédiatement on suspendit la représentation, et, après un minutieux examen, on constata que chaque arme contenait un ou plusieurs projectiles. Sans le hasard qui fit découvrir le danger auquel nous venions d'échapper, Mélingue et moi, nous eussions été criblés. On eut beau faire une enquête judiciaire, on ne sut jamais qui avait organisé cette odieuse machination.

Ma seconde année touchait à sa fin. Je venais de tirer au sort et d'amener un mauvais numéro.

Il me fallait un remplaçant, qui, à ce moment, coûtait fort cher.

Marc Fournier se souvint de sa promesse et organisa à mon bénéfice une représentation, à laquelle prirent part presque tous les artistes des théâtre du boulevard.

Cela vint en aide à mon père et lui permit de me pourvoir d'un homme, qui prit ma place sous le drapeau du 32ᵉ de ligne, où j'étais déjà incorporé et qui tenait garnison à Soissons.

Malgré toute ma gratitude pour Fournier, je lui demandai de vouloir bien résilier l'engagement qui me liait à la Porte-Saint-Martin. Il y avait une place excellente à prendre au théâtre de la Gaîté.

Fournier, qui ne comprenait pas que l'on pût désirer quitter son théâtre, consentit cependant et je me trouvai libre.

VI

Je signai immédiatement avec M. Hostein, directeur de la Gaîté, un engagement de deux ans.

Du 1ᵉʳ juillet 1855 au 1ᵉʳ juillet 1857.

1.500 francs la première année, 1.800 la seconde.

La troupe de la Gaîté était composée de MM. Paulin Ménier, Bignon, E. Pierron, Clément-Just, Aubrée, Perrin, Emmanuel, Lassouche, Alexandre, Delaistre, Surville, E. Pepin, Francisque Jeune, Jullian, Lequien, Josse, Mᵐᵉˢ Naptal Arnault, Lagier, Léontine, Augusta, Jeault, Mˡˡᵉˢ Delaistre, Lagrange.

Cette administration d'Hostein était l'antipode de celle de Fournier. Ici, l'économie était de rigueur. La salle, beaucoup moins spacieuse que celle de la Porte-Saint-Martin, ne pouvait donner comme maximum, dans les plus grands succès, que 4.000 à 5.000 francs de recette.

Mais, ce qui était surtout remarquable, c'était le peu de temps perdu : un mois de répétitions, et on donnait la première représentation.

Que l'ouvrage ait ou non du succès, le lendemain de la première, lecture de la nouvelle pièce.

Grâce à cet excellent système, qui devrait être suivi dans tous les théâtres, Hostein arrivait à joindre les deux bouts.

Une seule fois, nous le vîmes se départir de ses sages habitudes d'économie : il s'agissait de remettre à la scène *Henri III et sa cour* ; et, pour donner plus de relief à la distribution de cet ouvrage, il engagea Frédérick Lemaitre et Laferrière pour jouer les rôles du duc de Guise et de Saint-Mégrin.

Hostein, artiste d'un goût éclairé et qui avait été à la bonne école, lorsqu'il était régisseur général de la scène du Théâtre Historique, sous la direction d'Alexandre Dumas, était non seulement un metteur en scène très ingénieux, mais encore, un véritable professeur de déclamation ; il indiquait admirablement un rôle, et plus d'un artiste, même célèbre, lui doit une grosse part de ses succès.

Je débutai, le 29 août 1855, dans les *Gueux*, de Béranger, comédie-vaudeville en 5 actes de Dupeuty et Jules Moineaux.

La pièce n'eut qu'un succès d'estime ; c'était trop doux pour un public habitué à des mélodrames comme *Fualdès, la Citerne d'Albi, Desrues*, etc., etc.

Je jouai, successivement, *la Grâce de Dieu, le Chien de Montargis, l'École des familles, Lazare le Pâtre*, avec Mélingue en représentation. *Le médecin des enfants*, avec Laferrière ; *le Courrier de Lyon, le Juif-Errant, les Zouaves, Henri III et sa cour* avec Frédérick, Laferrière et Mme Arnault ; *le Sonneur de Saint-Paul*, que *Frédérick* jouait pour la première fois ; *Mon ami l'Habit Vert, les Sept châteaux du Diable, les Cosaques*.

La vie, que l'on menait à cette époque, était tout ce qu'il y avait de plus curieux.

D'abord, ce boulevard du Temple qui, à lui seul, était un second Paris dans Paris, et dont ne peuvent se faire une idée ceux qui n'ont pas vu cette longue file de théâtres réunis, permettant au Parisien de venir, à tout hasard, sans parti pris, passer là sa soirée — lui offrant cette chance, s'il ne trouvait pas de place au Cirque ou à la Gaîté, de se rabattre sur les Folies-Dramatiques, où il y avait une troupe très remarquable, voire même sur les Délassements Comiques, les Funambules ou le Petit Lazare...

Sur ce boulevard du Temple, il y avait parmi les types curieux, un acteur du nom d'Ameline ; c'était une sorte de géant, correcteur à je ne sais plus quel journal, le matin, et jouant, le soir, au théâtre du cirque, le légendaire tambour-major des pièces militaires, très en vogue à cette époque.

A un moment donné, en luttant pour défendre son drapeau contre un soldat russe ou autrichien, tout à coup, le tambour-major poussait un cri de douleur, en portant la main à sa cuisse, et sur la culotte blanche de ce héros, apparaissait alors une large tache de sang.

— Ah! la canaille! il l'a mordu, criait avec fureur le poulailler... tue-le, ma vieille!

Cet Ameline, par un singulier amour du contraste, vivait avec Carolina la Lapone, qui, de son côté, faisait les beaux soirs des cafés du boulevard du Temple.

Pour rentrer, chez eux le soir, Carolina montait sur une table, le géant la prenait dans ses bras, et, c'est ainsi que ce couple phénoménal regagnait le domicile presque conjugal.

Il existait, à cette époque, un vieil original du nom de GOURRIER, assez riche, disait-on, et dont le bonheur était d'offrir à dîner à Ameline chez Passoir, restaurant à la mode, situé faubourg du Temple.

On se mettait à table, et, à la grande joie du père Gourrier, son invité absorbait, sans broncher :

potage, poisson, deux gigots de mouton, poulet, entremets, le tout arrosé d'un nombre respectable de bouteilles de Bourgogne ; après quoi, pour activer la digestion, sans doute, le géant avalait un grand bol de punch.

— Ah dame ! ces soirs-là, le combat du drapeau et la scène de la cuisse ensanglantée étaient un curieux spectacle !

Il convient de consacrer, dans ces souvenirs, quelques lignes au café de la Gaîté, rendez-vous de toutes les petites femmes qui adoraient le mélodrame et ses interprètes.

Cet établissement était tenu par les époux X... La belle Mme X..., coiffée à la jolie femme, trônait à son comptoir.

M. X..., le patron, était, lui, une sorte de reproduction du roi Louis-Philippe, dont il avait adopté le toupet en poire et les petits favoris ; il allait volontiers de table en table, mais, toujours un perroquet sur le doigt.

Il était très jaloux, ce limonadier, et il avait bien raison de l'être ; car, un jour, il avait surpris sa femme, avec un de ses garçons, au premier étage, dans la salle de billard... et leur attitude n'avait pu laisser aucun doute à M. X... sur la situation qui lui était faite par ce commis indélicat.

Lorsque M. X... apparut sur le seuil, lui et son

perroquet, ils restèrent tous deux muets de stupeur..... Quand il put parler, il ne trouva que ce mot : « Je sors, madame; mais, à mon retour, j'espère ne plus trouver chez moi cet associé imprévu. » Et la porte se referma.

Que se passa-t-il après son départ ? nul ne le sait. Mais, l'infortuné cafetier, en rentrant le soir, trouva son odieux rival appuyé négligemment au comptoir et marivaudant avec la coupable limonadière.

A cette vue, M. X... ne se contint plus.

« — Il me semblait, madame, dit-il à sa femme,
« que ce garçon devait quitter notre maison ?

— « Mon ami, ce garçon avait, en effet, des torts
« envers vous, répondit d'une voix très douce
« Mme X...; mais, après votre départ, il m'a fait des
« excuses (*sic*). »

C'est dans ce même café que se rencontraient les artistes et leurs trop faciles conquêtes.

Une fort honnête dame écrivait à un de nos camarades :

« Ce soir, après le spectacle, je vous attends au
« café de la Gaîté; mais soyez prudent, j'ai des
« ménagements à garder. La seconde table après le
« comptoir : vous me reconnaîtrez à ce que je prends
« des cerises à l'eau-de-vie ! »

Mme Doche me racontait, un soir, au Vaudeville,

que, pendant les représentations de *la Dame aux Camélias*, elle avait reçu d'un collégien une déclaration qui se terminait ainsi :

« Demain, madame, ma pension passera sous vos fenêtres, vous me reconnaîtrez à ma pâleur ! »

On commençait à 5 heures et demie, on donnait dix actes le dimanche ; et, plus d'une fois, il m'est arrivé de jouer *le Chien de Montargis*, pour commencer, et de finir par *la Grâce de Dieu*, entrevoyant par la porte du parterre, un chaud rayon de soleil qui éclairait en pleine lumière le marchand de coco traditionnel, agitant sa sonnette, ou le confiseur populaire, offrant aux titis ses plus succulents berlingots.

Quel bon temps ! un public qui croyait encore à la *Croix* de ma mère et qui lisait, sans sourciller, des affiches portant des titres de pièces comme *les Pieds noirs, d'Irlandee*, ou bien *Amazanpo ou la Découverte du quinquina*, drame dont l'auteur, si j'ai bonne mémoire, était M. Montigny.

L'éparpillement des théâtres a fait, peu à peu, disparaître non seulement les troupes d'ensemble, mais encore cette bonne camaraderie qui existait alors. Les goûts étaient modestes. Un feuilleton de Jules de Prémaray ou de Dartenay, dans lequel on était bien traité, vous rendait tout fier et tout heureux.

Que ce soit aux Variétés, au Gymnase, au Vaudeville, aux Folies-Dramatiques, ou même aux Délassements-Comiques, partout il existait d'admirables tableaux de troupe.

Aux Folies-Dramatiques, il y avait :

Christian, Lassagne, Brasseur, Heuzey, Côutard, Dumoulin, France, Mmes Alphonsine Fréneix, Mina Roussel Duplessis.

Aux Délassements-Comiques : Jane Esleer préludait à ses succès futurs, en disant les vers du prologue d'une revue de fin d'année.

Adèle Cuinet était la coqueluche des abonnés de l'endroit, et Villetard un compère de revue plein d'humour.

Ah! quel aimable temps que celui-là.

La vie quotidienne de l'auteur et du comédien n'était pas mise à nu, chaque matin, par un reporter trop zélé.

En voyant trop souvent, et de trop près, ses artistes, en connaissant trop les menus détails de leur vie intérieure, le public a perdu beaucoup de ses illusions; et, l'on comprend combien Talma avait raison de venir de la rue du Bac à la Comédie-Française, en voiture, pour ne pas être rencontré de ceux qui, quelques instants après, allaient l'applaudir dans *Manlius* ou dans *l'Ecole des Vieillards*.

Les appointements qu'on gagnait alors permettant à peine de vivre, on choisissait, ainsi que dans les longs voyages, un camarade, un bon compagnon; et, grâce à ce petit ménage, à cette association toute fraternelle, avec un peu d'ordre et d'économie, on doublait ces caps difficiles qu'on nomme *Fins de mois !*

Clément Just avait pour associé Emmanuel; moi, je vivais avec Lassouche.

Nous occupions un petit appartement rue du Grand-Prieuré, chacun de nous avait sa chambre ; nous possédions une assez belle cuisine, un grand balcon reliait les deux pièces qui donnaient sur la rue.

C'était modeste, mais, d'une propreté méticuleuse. Lassouche excellait dans la préparation de certains plats, moi, j'étais chargé de faire le marché.

Que de beaux projets en dressant notre couvert; mon compagnon avait pour objectif le théâtre du Palais-Royal, moi la Russie.

Dans les jours de richesse, le soir, après le théâtre, nous allumions une lanterne vénitienne attachée au balcon, et tant que la lumière projetait sa clarté dans cette petite rue paisible, on pouvait monter souper. Il est vrai que le menu était simple : les bons mots et les joyeux éclats de rire remplaçaient les entremets.

Mais ces brillantes soirées avaient, quelquefois, de sombres lendemains.

Il fallait, à tout prix, gagner le 1ᵉʳ du mois; alors,

on faisait venir le père Kahn, un vieil israélite, ami des arts et des artistes; c'était un enragé mélomane.

Aussi, pour obtenir de ce rusé compère un meilleur prix, nous avions recours à un moyen qui réussissait toujours.

Lassouche étalait les objets à vendre, et pendant qu'il en faisait valoir les prix, moi je me mettais au piano, jouant et chantant à Kahn son compositeur favori, Meyerbeer.

Alors, se passait une scène des plus curieuses. Partagé entre son désir de faire *un bon affaire* et le bonheur d'entendre :

> Oui, tu l'as dit... tu m'aimes !

le dialogue devenait fou.

— Ça, 15 francs... chamais !

> L'as-tu bien dit ce mot si tendre ?

répondait le piano. Kahn s'arrêtait, reprenant la phrase... Quelle musique, soupirait-il ! Voyons : 15 francs ?

Meyerbeer, évidemment, gagnait du terrain ; encore quelques mesures des *Huguenots*, et le marché allait se conclure à notre avantage.

— 15 francs ! mais, regardez donc cet habit, il est neuf; 20 francs c'est donné, ajoutait Lassouche, en me lançant un coup d'œil; et moi, de jouer de plus belle :

> Plus d'amour, plus d'ivresse

— Eh bien, 18 francs, répondait Kahn, sous le charme de la célèbre phrase de Raoul.

— Vingt francs, c'est notre dernier mot !

> Le danger presse et le temps vole,

disait le piano.

— *Laise-moi, laise-moi bartir*, continuait la voix d'Israël... Allons, voilà 20 francs; mais, je n'ai pas fait *un bon affaire*, ajoutait-il, en nous tendant le louis désiré; et tous les trois, en faisant le paquet, reprenions en chœur, mais, dans des tons différents :

> Des beaux jours de la jeunesse.

Aux répétitions, où il fallait être exact, nous arrivions quelquefois en retard.

Un jour, où Hostein avait déjà attendu le ménage Clément Just, Emmanuel, à notre tour, Lassouche et moi arrivâmes en retard. Hostein se fâcha et mon compagnon lui répondit cette phrase, dont on rit longtemps :

« Ce n'est pas ma faute, c'est le gigot qui ne voulait pas cuire ! »

Cette raison désarma Hostein, qui se contenta de dire :

« Mon Dieu, que ces petits ménages sont ennuyeux ! »

Nous répétions *le Chien de Montargis*, vieux mélodrame en 3 actes, dans lequel il y avait des phrases dans le genre de celle-ci :

« Le traître, en apercevant le chien descendre de la montagne, et craignant de voir son crime découvert, disait en parlant de ses complices :

« — Ils n'ont pas tué le chien, quelle imprudence ! »

Les formules du répertoire de Bouchardy renfermaient vraiment des trésors de naïveté.

Dans *Gaspardo le pêcheur*, je me souviens de cette célèbre réplique :

« — Mais, si Gaspardo plus ambitieux osait viser le trône, monseigneur ?

« — Il n'en sortirait pas vivant ! répondait simplement son interlocuteur. »

Dans ce même *Gaspardo*, il y a, au prologue, un véritable bijou.

« — Femme ! tu vas me suivre, dit le méchant monsieur.

« — Non, monseigneur.

« — Tu me suivras, te dis-je.

« — Non, monseigneur ; il vous serait plus facile de vous faire suivre par la statue qui est sur le tombeau de votre mère !

« — Elle me suivrait, hurlait le terrible seigneur, si je la faisais porter par quatre de mes gens. »

Enfin, on nous distribua le *Médecin des enfants*, drame en 5 actes, de d'Ennery et Anicet Bourgeois. Je jouais un jeune amoureux, aux côtés de Laferrière, Bignon, Paulin Ménier et d'une jeune artiste pleine d'avenir, que la mort enleva de bonne heure. C'est grand dommage, car il y avait chez elle un brillant avenir; elle se nommait Augusta.

La pièce eut un immense succès, plus de 150 représentations; je dois dire qu'elle était admirablement jouée.

Laferrière, le dernier jeune premier de drame que le public ait applaudi, était un comédien scrupuleusement consciencieux.

Doué d'une physionomie sympathique, il n'apportait pas en scène le petit air satisfait de ceux qui jouent l'emploi des amoureux.

Déjazet disait de lui :

« Il a une charmante gaucherie qui plaît au public. » Et le mot est d'une grande observation.

Laferrière avait fait à la Comédie-Française d'assez brillants débuts, dans ce beau rôle de Saint-Mégrin, que, quelques mois plus tard, il devait reprendre, avec Frédérick, dans celui du terrible Balafré; il savait une grande partie du répertoire classique, qu'il avait interprété avec Mlle Mars, dans ses tournées de province.

Il avait eu le bonheur de voir et d'entendre tous les grands comédiens de son époque, et se plaisait à nous raconter, pendant les entr'actes, des souvenirs de sa jeunesse.

Un soir que je lui parlais de Talma, il se souvint d'un trait qui prouve que le célèbre tragédien était aussi bon que charitable. Il y avait, à cette époque, deux suisses à la livrée impériale, se tenant chacun, la hallebarde en main, dans la coulisse, l'un côté cour, l'autre côté jardin.

Ces suisses ont disparu ; mais, je me souviens parfaitement avoir vu figurer sur un état de dépenses de l'époque :

« 10 francs pour les faux mollets du suisse côté cour. »

La permission de porter la livrée royale remonte au 16 septembre de l'année 1762 ; elle est signée du prince de Lambèse. Sa teneur, d'ailleurs, vaut la peine d'être placée sous les yeux du lecteur :

« Permission de porter la livrée du Roy. »

« Charles-Eugène de Lorraine, prince de Lambèse, pair et grand écuyer de France, gouverneur et lieutenant général pour Sa Majesté en la province d'Anjou, gouverneur particulier des villes et châteaux d'Angers et du Pont-de-Cé et grand sénéchal héréditaire de Bourgogne, etc.

« Louise-Julie-Constance de Rohan, comtesse de Brionne, ayant le commandement dans les écuries et haras de Sa Majesté par brevet du 15 septembre 1761.

« Nous certifions à tous ceux qu'il appartiendra avoir permis comme nous permettons par ces présentes, au premier décorateur de la Comédie-Française, qui fait les spectacles de la cour, au garçon de théâtre et au *Suisse* de ladite comédie de porter la livrée du Roy comme par le passé.

« En témoignage de quoi, nous avons signé ces présentes icelles, fait contresigner par le secrétaire de nos commandements et celui du sceau de nos armes.

« A Paris, le 16 septembre 1763.

Signé :

Louise-Julie-Constance de Rohan, comtesse de Brionne.

Par Monseigneur et Madame

Contresigné :

De Quelin. »

La consigne des Suisses se trouve définie dans ce passage de Chapuzeau. *Le Théâtre François*, Livre III-52, 1674.

« Il est de la fonction des décorateurs de faire retirer d'entre les ailes du théâtre, de certaines petites gens qui s'y viennent fourrer et qui, outre l'embarras qu'elles causent aux comédiens dans les entrées et les sorties, donnent une méchante figure au théâtre, et blessent la vue des auditeurs, ce qui ne se voit guère que dans les troupes de campagne qui ne peuvent faire toutes choses régulièrement. »

Mais revenons à Talma.

Un soir que l'on donnait *Britannicus*, le suisse, ayant aperçu un homme qui semblait vouloir se dissimuler derrière le manteau d'Arlequin, lui demanda ce qu'il faisait là.

— C'est M. Talma qui m'a autorisé, répondit l'inconnu.

— Ah! c'est M. Talma, reprit le suisse, c'est bien; nous allons voir ça, quand M. Talma va descendre de sa loge, et il s'éloigna.

A ce moment, la porte de la loge s'ouvrit et lentement Néron descendit les quelques marches qui conduisaient à la scène.

(Après avoir été, sous le second empire, le salon de toilette de l'impératrice Eugénie, cette loge est devenue, maintenant, le cabinet du semainier de service.)

Aussitôt qu'il le vit, le suisse s'approcha rapidement de Talma; et lui montrant l'homme que la vue de Néron semblait méduser.

— Monsieur prétend que c'est vous, M. Talma, qui l'avez autorisé à se placer dans la coulisse.

— Moi ! répondit Talma d'un ton étonné, presque sévère, et il leva son regard sur l'inconnu ; mais, en voyant l'attitude suppliante, l'expression d'angoisse qui se peignait sur le visage de ce malheureux : oui, oui, c'est moi, ajouta-t-il vivement ; placez-le le mieux possible. Et il s'éloigna, laissant dans le ravissement celui qu'on allait expulser, sans son intervention.

N'est-ce pas d'un bon homme ? ajoutait Laferrière, encore tout ému de ce souvenir lointain.

Il eut un grand et légitime succès dans ce *Médecin des enfants*.

J'ai dit que la pièce était admirablement jouée ; Bignon était parfait.

C'était un singulier comédien que ce Bignon, avec un beau physique de premier rôle, qui lui avait valu d'appartenir à la Comédie-Française quelque temps, et d'y créer le Danton de *Charlotte Corday*, de Ponsard.

C'est en parlant de ce rôle, qu'il a dit ce mot qui est resté :

« J'espère que je suis entré carrément dans la peau du bonhomme. »

Il avait aussi, quelquefois, des mots naïfs et bourrus très amusants :

— Après une visite qu'il venait de faire à une maison d'aliénés, en sortant, ahuri de tout ce qu'il venait d'entendre, il s'écria :

« C'est bien fait qu'ils soient fous, ils sont trop bêtes ! »

C'était, au demeurant, le meilleur garçon de la terre, et un disciple fervent de Brillat-Savarin.

Puis, venait encore dans la distribution, Paulin Ménier, comédien de composition, très préoccupé de l'aspect physique de ses personnages.

Dans *le Médecin des Enfants*, il joua avec beaucoup de succès le beau rôle de Jérome.

Dans *le Courrier de Lyon*, j'ai eu le plaisir de jouer avec lui et de pouvoir bien étudier les procédés qu'il employait dans ce rôle de Chopard, qu'il a interprété tant de fois.

S'il m'était permis de présenter non pas une critique, mais une observation au sujet du célèbre Maquignon, je dirais que je regrette la première version de la pièce, celle où Chopard restait à son plan, laissant en pleine lumière et à la place voulue par les auteurs, les deux types si curieux de Lesurques et de Dubosc.

Peu à peu, les traditions de Fouinard et de Chopard ont empiété sur ce beau rôle de Lesurques, qui n'occupe plus maintenant, dans la pièce, le rang auquel il a droit.

Encore quelques années, et le véritable titre de la pièce pourra être *Chopard dit l'Aimable*.

Jouer à son plan, en respectant le texte d'un ouvrage, alors même que l'on jouerait cet ouvrage pendant des années, cela se voit quelquefois, mais rarement.

Je ferai une exception, cependant, en faveur de M. Got qui, depuis la création (1849 je crois) jusqu'à son départ, aura été le respectueux interprète de Musset dans ce délicieux rôle de l'abbé de *Il ne faut jurer de rien*.

Il lui eût été bien facile, cependant, de corser son personnage par quelque jeu de scène. Le public l'y poussait; mais, il a su résister et conserver à son rôle le plan que l'auteur lui avait assigné, et ce n'est pas une chose qui ne vaille la peine d'être remarquée.

A Londres, ce double rôle de Lesurques et de Dubosc est toujours un gros succès pour Henry Irving.

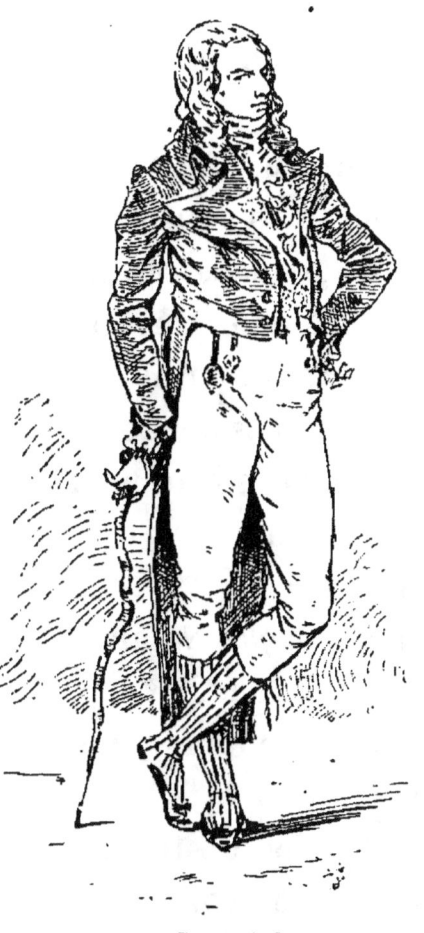

Courriol
dans *Le Courrier de Lyon*.

A mon sens, le célèbre acteur anglais, s'il est supérieur à Lacressonnière dans le type de Dubosc, lui est d'une grande infériorité dans celui de Lesurques.

La physionomie si douce, si honnête, de Lacressonnière le servait admirablement dans ce rôle, et c'est avec celui de Charles Ier des *Mousquetaires*, les deux plus grands et légitimes succès de la carrière de ce comédien distingué, laborieux, sympathique, soucieux de son art et de la dignité professionnelle.

Parmi nos camarades, il y avait un artiste du nom de Josse, grand ami de Paulin Ménier; ce Josse avait quelquefois des mots étonnants.

Un soir que nous jouions *le Médecin des Enfants*, pendant une scène assez longue, où nous devions simuler un entretien à voix basse, je l'entendis me dire d'un ton nerveux, presque ému :

— Vois-tu ce monsieur qui est à l'orchestre... à gauche avec des cheveux blancs... tu ne vois pas... presque derrière le timbalier... vois-tu ?

— Non !

— C'est trop fort... comment tu ne vois pas... sous l'avant-scène... un monsieur tout en noir ?

— Ah ! si, si, je vois.

— Comment le trouves-tu ?

— Mais, comme tout le monde...

— Comme tout le monde, reprit Josse d'un ton

froissé... c'est que tu ne l'as pas bien regardé... c'est un homme tout ce qu'il y a de plus comme il faut... il a l'air d'un médecin ! »

Il paraît que pour Josse, la suprême distinction, consistait à ressembler à un docteur en médecine.

— Il est très bien ce monsieur... mais, ne le regardons plus, dis-je à Josse : il me lorgne, en ce moment... eh bien, qui est-ce ?

— C'est le bourreau, me répondit Josse, avec un sourire angélique.

C'était à moi de parler, je restai une seconde sans pouvoir proférer une parole — tant ce mot m'avait secoué — et malgré moi, pendant toute la scène qui suivit, je ne pus détacher mon regard du sinistre spectateur désigné par Josse. De son côté, le bourreau, surpris peut-être de me voir le regarder obstinément, me lorgnait avec persistance. Je ne voyais plus que lui, je n'entendais plus qu'un mot toujours le même : c'est le bourreau.

Dans l'entr'acte, Josse me demanda si je voulais être présenté ; je déclinai cet honneur.

— Tu as tort, dit-il d'un ton dépité, c'est un homme charmant ; il a deux filles délicieuses.

— C'est possible ; mais, je ne les épouserai pas.

— Et pourquoi donc ?

— Mais, parce que cela me serait un supplice d'avoir un pareil beau-père.

— Eh bien, s'écria Josse avec véhémence, je trouve absurdes les préjugés qui s'attachent à l'exercice du mandat de ce représentant de la loi; on ne le connaît pas... c'est un homme très savant... il a fait de la médecine... il aime les arts et les artistes et me parlait de toi hier encore; tu lui es très sympathique; et quel cœur!.. ainsi, mon cher, il donne toute la journée à *des bourreaux malheureux*.

Nous jouâmes *Henri III et sa cour*, et j'eus l'honneur de donner la réplique à Frédérick.

Pour établir son personnage, il procédait d'une façon toute particulière.

Il arrivait toujours sachant son rôle, et plus préoccupé des autres que de lui-même.

Il attendait que la mise en scène fut tout à fait réglée avant de faire une observation, ou de donner un conseil.

Quant il sentait le moment venu, il groupait autour de lui, ses interlocuteurs, il les plaçait, déplaçait et ne commençait lui-même à indiquer ce qu'il comptait faire, que lorsqu'il s'était bien assuré du concours de son entourage.

Ai-je besoin d'ajouter à quel point il était écouté. Laferrière lui-même, je dois le dire, était pour Frédérick plein de respectueuse déférence; il avait pour ce vieux maître une grande admiration, et c'était édifiant de voir avec quel soin il mettait à profit les conseils de son admirable partenaire.

Le geste de Frédérick était large, on sentait qu'il avait joué la pantomime. Chez lui, jamais un mouvement gauche, étroit, étriqué.

Il avait pour principe que le geste doit toujours précéder la parole. Quand son bras menaçant désignait son adversaire, le mot n'arrivait qu'après cette menace silencieuse, et ce mot prenait, alors, une valeur d'une grande et terrible intensité.

Le soir de cette première d'*Henri III*, il eut un énorme succès, malgré les incroyables oripeaux dont il s'était affublé.

En dehors des loques, des guenilles, il n'eut jamais le goût de la recherche et de la vérité du costume.

Ceux de la fin de *Trente ans de la vie d'un joueur* étaient de purs chefs-d'œuvre; ceux de Don César étaient incroyables de couleurs et de coupes.

Le soir, pendant qu'il achevait sa toilette, il lui arrivait souvent de me faire demander, pour me prier de lui jouer sur un petit orgue, qu'il avait dans sa loge, quelques morceaux de musique religieuse.

Que de fois il m'a été donné d'assister à des scènes du plus haut comique.

Avec le coiffeur, par exemple, les soirs où il était nerveux.

Lorsque ce dernier lui avait mis des papillotes sur tout le côté droit de la tête, tout à coup, Frédérick se levait, et d'une voix tonnante :

— En voilà assez ! disait-il au coiffeur. Allez-vous-en.

— Mais M. Frédérick... et l'autre côté ?

— En voilà assez, vous dis-je, sortez... et, avant que ce dernier ait pu faire un mouvement, Frédérick le jetait dehors... puis, se tournant vers moi, il ajoutait, avec une grande douceur :

« C'est vraiment beau ce *De profundis* ; redites-le-moi ! Et, pendant que j'achevais l'Hymne des Morts, je le voyais dans la glace qui, tranquillement, faisait avec son peigne mousser ses cheveux papillotés, et disposant l'autre côté bien plat ; ah ! la singulière coiffure qu'avait ce pauvre Balafré !

De même, lorsqu'il souffrait des pieds, il n'hésitait pas, à chausser Henri de Guise d'énormes chaussons de Strasbourg.

Nous avions tous une peur horrible de lui, et dans la famille, tout le monde tremblait lorsqu'il élevait la voix.

Son fils Charles, un gentil garçon qui ne manquait point de mérite, mais, qui portait un nom trop lourd, m'a raconté ceci :

C'était le soir d'une grande première : *le Marchand de coco*. La pièce avait peu réussi et Frédérick n'avait pas eu tout le succès auquel il était habitué.

Après le spectacle, il y avait souper chez le grand comédien. Parmi les convives se trouvait un monsieur, ami des fils de Frédérick, mais, très peu connu de leur père.

Dès le début de ce repas silencieux, personne n'osait dire un mot, sentant qu'il y avait de l'orage dans l'air; Frédérick n'avait pas quitté des yeux ce convive qui regrettait fort de s'être fourvoyé dans ce singulier intérieur.

Tout à coup, alors que le domestique présentait au maître du logis une aile de volaille, Frédérick d'un geste superbe l'envoya au plafond.

Ce fragment graisseux retomba sur l'épaule du malheureux invité...

— Papa... risqua timidement Charles ?

— Qu'est-ce que c'est, vous manquez à votre père ? Et, se levant avec majesté, il montra la porte à ses deux enfants, en leur disant :

— Allez-vous coucher... je vous... flanque ma malédiction !

Le Monsieur, à son tour, voulut prendre la défense des jeunes gens et hasarda un :

— Mon Dieu, monsieur Frédérick ?

— Vous... fichez-moi le camp et plus vite que ça !

Profitant, avec ivresse, de cette autorisation, l'invité disparut... et plus on ne le revit.

Toute la nuit, paraît-il, on entendit Frédérick se promener à grands pas dans sa chambre. Au petit jour, il sonna et dit avec simplicité au domestique, qui lui fit répéter l'ordre :

« Qu'on attelle. » Puis, il monta à la chambre de ses fils qui dormaient profondément, malgré la malédiction paternelle :

« Levez-vous, leur dit-il ; dans dix minutes nous sortons. »

Les enfants à peine éveillés n'en croyaient pas leurs oreilles.

Dix minutes après, Frédérick descendit ; il était en habit noir, large cravate blanche, mais, en pantoufles ; après avoir pris place dans le berlingot qui lui servait de carrosse et fait signe à ses fils de se placer en face de lui, il dit noblement au domestique qui, les yeux rouges de sommeil, attendait les ordres à la portière :

« A Saint-Germain l'Auxerrois ! »

Le cocher fouetta les deux haridelles qui traînaient ce dernier spécimen d'une carrosserie qu'on ne trouve plus qu'à Versailles, et l'on partit.

A cette heure, l'église venait à peine d'ouvrir ses portes, et le sacristain, qui faisait la toilette du temple, regarda passer avec stupéfaction ce trio matinal.

Frédérick alla droit au maître autel ; après

avoir fait agenouiller ses enfants, il se tourna vers la sainte table, et, élevant les mains, il dit :

« Seigneur ! Hier, dans un moment de folie j'ai maudit ces enfants... Seigneur, je reprends ma malédiction... Et maintenant levez-vous ! » Puis ils sortirent tous trois repassant devant le sacristain hébété. Avant de remonter en voiture, Frédérick cria au cocher :

« Chez Chevet ! »

Gil Perez, ce joyeux fantaisiste, avait le don très rare de réjouir profondément Frédérick.

Le bonheur de ce dernier consistait à emmener dîner avec lui l'artiste du Palais-Royal dans un petit restaurant de la banlieue de Paris.

Après un copieux repas arrosé de Bordeaux la Rose, le seul vin que buvait le créateur de *Ruy Blas*, il disait à Perez :

— Et maintenant, nous allons faire le combat du drapeau !

Un bâton quelconque, où flottait une serviette, suffisait à l'illusion du grand comédien.

Après avoir rangé le long des murs tables et chaises, on improvisait sur ce thème :

« Soldat blessé, mourant en défendant son drapeau ! »

Et c'était admirable, me disait Pérez, de voir Frédérick, comme s'il eût été en scène, se livrer avec sincérité, aux attitudes les plus dramatiques, aux appels les plus déchirants, finissant par expirer en s'enveloppant dans les plis du drapeau, qu'il couvrait de baisers et de larmes.

En relisant ces lignes, il me revient à la pensée que, lorsque j'eus l'honneur de faire partie de la commission chargée par le ministre de reviser les statuts qui régissent le Conservatoire de déclamation, j'ai proposé à mes honorables collègues de créer *une classe de pantomime;* car, le geste — cette lanterne de la parole — et la mimique en général, font, à mon avis, partie d'un art, que l'on enseigne au Conservatoire, avec la préoccupation constante de préférer l'art de bien dire à celui de bien jouer !

Supposez un maître disant à ses élèves :

— Vous allez me mimer l'entrée de Tartuffe, et m'indiquer par votre tenue, votre physionomie, par vos attitudes, son caractère.

Quand cet élève sera en possession de moyens, lui assurant déjà de réaliser l'aspect du personnage rêvé par l'auteur, et qu'à cela viendront se joindre les excellents conseils, que ne peut manquer de lui donner son professeur, avouez, avec moi, qu'il est plus que probable que le jeune artiste, plus à son aise, aura fait un grand pas ; car, je ne cesserai de répéter, et cet avis est celui de beaucoup de mes illustres devanciers, que le spectateur est pris par les yeux, avant de l'être par les oreilles.

Frédérick, s'il n'avait pas joué la pantomime dans sa jeunesse, n'eût jamais pu composer, avec un art si magistral, son rôle du *Vieux Caporal* dans la pièce de ce nom.

Ceux qui lui succèdent dans ce rôle peuvent ignorer l'art immortalisé par Debureau, n'ayant qu'à se souvenir et à reproduire ce que Frédérick a fait avant eux.

Notez bien que je ne parle pas d'une classe, dite de *maintien*, qui a eu son heure, d'ailleurs, et qui ne donnait le plus souvent à l'élève qu'une tenue prétentieuse, des gestes compassés et *prévus*, en un mot, une sorte de fausse école de la *Grâce*.

Certes la grâce est parfaite, indispensable chez la femme; mais, la tenue de l'homme ne peut gagner à cet exercice qu'afféterie et maniérisme.

Et que de choses intéressantes à apprendre à l'élève dans cet ordre d'idées. Alceste ne marche pas comme Tartuffe, l'allure d'Oreste ne saurait être celle de Joad, etc., etc.

J'avais demandé, aussi, que les exercices fussent donnés en costume, pour habituer les élèves à la tenue de leurs personnages, pour les familiariser avec le port de l'épée, du chapeau, en un mot, pour qu'ils ne fussent pas préoccupés plus qu'il ne convient de tous ces accessoires qui, dans leurs mains novices, sont autant d'occasions d'être gauches ou ridicules.

En développant devant la commission ces théories diverses, je croyais être de bon conseil ; mais comme les conseils ne font plaisir qu'à ceux qui les donnent, je crains fort qu'il ne se passe encore bien du temps avant que mon rêve soit réalisé.

Un jour que je lui demandais s'il pouvait me définir bien exactement ce que c'était que l'inspiration.

« C'est un bien grand mot... » puis, après avoir réfléchi, il ajouta :

« A mon avis, c'est tout simplement une heureuse disposition de l'estomac, l'équilibre des facultés digestives ! »

En y réfléchissant, cette définition, qui peut paraître paradoxale, est pleine de justesse.

Pauvre et cher Frédérick ! le plus grand comédien de ce siècle, qui allait aisément de Robert Macaire à Ruy-Blas, où sont-ils ceux qui peuvent avec succès, parcourir cette large route, conduisant du plus haut comique au pathétique, au terrible !

Que de bons conseils, que de précieux enseignements, dont je lui suis redevable !

Il me suivit longtemps... s'intéressant à mes travaux, constatant mes progrès, me félicitant de mes succès, jusqu'au moment où il mourut....

Ses fils me donnèrent, le jour de son convoi, une grande preuve d'affection, en me faisant l'honneur de me confier un des cordons du char qui emportait la dépouille de celui qu'on ne remplacera jamais, et auquel je suis fier et heureux d'adresser ici l'expression de ma profonde gratitude et de mon admiration sans bornes.

Mme Naptal Arnault dans le rôle de la duchesse de Guise, créé par Mlle Mars, eut sa part de succès dans cette belle reprise de la pièce de Dumas; elle avait appartenu, elle aussi, à la Comédie-Française et l'on sentait qu'elle y avait acquis le développement de ses dons naturels, la grâce, le charme et la beauté.

Il y avait aussi, dans la troupe, un artiste très aimé du public, Perrin.

Quel bon camarade et quel homme bizarre ! Il collait lui-même son papier, soit chez lui, soit dans sa loge; mais, en cela, comme Delobelle, il lui fallait le costume d'un colleur, c'est-à-dire le bonnet de police en papier, qu'affectionnent les ouvriers peintres; s'il s'agissait de meubles, vite un tablier vert; il était très maniaque et ne pouvait souffrir qu'on se servît de ses objets.

Nous n'avions, dans nos loges, qu'une chaise chacun; aussi, pour que l'on ne s'emparât pas de la sienne, par un mécanisme aussi simple qu'ingénieux, la représentation terminée, cette chaise, grâce à une solide chaîne de fer, remontait prudemment au plafond, jusqu'au lendemain soir.

Je serais bien ingrat si, en parlant d'*Henri III*, j'oubliais mon vieil ami, E. Pierron, un artiste de talent, un homme de cœur, que je devais retrouver plus tard sur une autre scène et qui devait me donner de si bons conseils.

Il jouait admirablement ce rôle du roi Henri III, créé par Michelot; il y eut aussi un succès très légitime.

Dans ce théâtre de la Gaîté, comme à la Porte-Saint-Martin, on vivait en bonne camaraderie. Je me souviens qu'un dimanche, où nous jouions à 5 heures et demie, *les Cosaques* et *le Sonneur de Saint-Paul*, on avait organisé un petit déjeuner aux Près Saint-Gervais.

Etait-ce la chaleur ou la mauvaise qualité des vins bus à ce repas champêtre; mais, comme en entrant en scène, dans *le Sonneur*, l'artiste qui commençait avait la langue un peu lourde, on murmura au parterre; sans se déconcerter, celui qui devait être, après le prologue, Lord Bedfort, dit au public, avec un petit ton de reproche.

« Vous m'empoignez... moi; ce n'est rien; vous allez voir les autres. »

Le parterre se mit à rire, lorsqu'un monsieur sévère, mais juste, dit à haute voix :

— « C'est honteux ! » Heureusement un spectateur des dernières galeries sauva la situation par ce mot plein d'indulgence :

— « Ça peut arriver à tout le monde... Va donc, mon vieux Bedfort. »

Ici, se place un incident qui aurait pu avoir, pour moi, les plus fâcheuses conséquences et qui, au contraire, en me forçant à quitter les théâtres du boulevard, me conduisit par une suite de hasards dans la bonne voie.

Un de mes amis partait pour l'Espagne; il me proposa de l'accompagner; mais, hélas! je répétais *les Compagnons de Jéhu*, de Dumas, et je jouais tous les soirs, en lever de rideau, *Mon ami l'habit vert*.

Le lever du rideau était de menue importance; mon rôle dans le drame nouveau n'était pas très bon... Je partis.

Quand je revins, au bout de deux mois, je me présentai chez Hostein.

— Ah! ah! me dit-il d'un ton aimable, vous voilà. Eh bien! vous avez fait un beau voyage?

Je le remerciai, n'osant lui demander ce qui s'était passé en mon absence... Il y eut un silence.

— Je dois être pourvu, hasardai-je, d'un bon jugement qui me condamne à des sommes folles?

« Non, répondit Hostein, vous avez agi en jeune homme, j'aime la jeunesse... Vous ne me devez rien ; seulement, vous comprenez qu'après votre équipée, si je vous reprenais de suite, toute ma troupe filerait en Espagne. Vous êtes libre... Au mois d'octobre, vous rentrerez...

On se retrouve toujours dans la vie.

Bien des années après cette petite scène, Hostein qui était dans une situation difficile, m'écrivit pour me faire part de son désir d'être nommé *lecteur* de la Comédie-Française. Il y avait une vacance. Je remuai ciel et terre et je pus, à mon tour, prouver à Hostein que je n'avais jamais oublié la générosité du Directeur de la Gaîté, à l'égard de son petit pensionnaire voyageur.

M. Perrin, alors administrateur, n'eut qu'un regret, d'ailleurs, c'est d'être privé, par la mort, d'un collaborateur aussi précieux que l'était Hostein.

VII

Rentrer au mois d'octobre, c'était très bien ; mais, nous étions au mois de juin... Que faire ?

Je me promenais, un soir, fort mélancoliquement sur le boulevard Saint-Martin, quand je rencontrai mon bon et excellent camarade Desrieux.

— Que fais-tu ?

— Moi, j'arrive d'Espagne !

— Oui, oui, je connais l'histoire... c'est toi qui écris à ton Directeur : « Quand vous recevrez ce petit mot, j'aurai quitté la France ! » Elle est bien bonne.

— Hélas ! mon cher Desrieux, elle est moins bonne que tu ne crois, Hostein ne veut, ne peut me réengager qu'en octobre...

— Diable, fit le créateur du *Roi Henri*, connais-tu Fechter ?

— Pour l'avoir applaudi, oui...

— Eh bien, viens avec moi, je vais te présenter.

Il était 6 heures et demie, Desrieux me conduisit à la Porte-Saint-Martin, qui tenait en ce moment un grand succès avec la *Belle Gabrielle*, de Maquet.

Desrieux jouait dans ce drame le rôle de La Ramée et Fechter tournait toutes les têtes dans celui d'Espérance ; Mlle Page, MM. Bignon, Lacressonnière et Deshayes complétaient cette magnifique distribution.

— Tiens, mon bon Charles ! dit Desrieux, en ouvrant la porte de la loge de Fechter, je t'amène un de tes admirateurs, un de mes amis, Frédéric Febvre ; il serait bien heureux si tu le prenais avec toi à l'Odéon. Je me sauve et vous laisse causer, je n'ai juste que le temps de m'habiller.

Fechter, pendant cette rapide présentation,

m'avait regardé attentivement; moi, très ému, je n'osais lui parler.

En achevant de boucler son épée, et se tournant vers moi :

— Est-ce vrai ce que vient de me dire Desrieux? fit-il.

— Que j'étais un de vos admirateurs ? certes, oui ! répondis-je.

— Non, que tu voulais venir à l'Odéon avec moi ?

Un peu surpris, mais encouragé par le ton familier de Fechter, j'allais lui raconter mon aventure de la Gaîté; mais, il la connaissait déjà. « J'ai très peu de temps, me dit-il, on va commencer; mais, en deux mots, voici ma réponse. Il ne faut pas rester au boulevard, tu n'y feras rien ; ton affaire, c'est la comédie, le drame même, mais non le mélodrame. Il te faut des rôles avec un peu de comique... plus tard, nous verrons; viens demain chez moi, à 2 heures. Je te présenterai à La Rounat, mon associé, et nous signerons ton engagement... On frappa à la porte de la loge. — « Oui, oui, commencez... Je suis prêt... Es-tu content? Oui... eh bien, à demain..... » Et, pendant que la salle applaudissait Fechter à son entrée, je rentrai chez moi... un peu plus calme, avec un léger espoir au cœur...

C'était un merveilleux amoureux que Charles Fechter... le créateur inoubliable et inoublié d'Armand Duval de *la Dame aux Camélias*.

Sa qualité maîtresse était le charme; son visage d'une extrême douceur était éclairé par deux grands yeux noirs, dont l'expression tendre et enfantine lui conquérait toutes les sympathies, dès son entrée en scène.

Beaucoup de chaleur, aimant son art, mais ayant, par malheur, un goût très prononcé pour le réalisme, qui lui faisait souvent perdre une partie de ses qualités physiques, pour arriver à ce qu'il cherchait, la *vérité vraie*.

Ainsi dans Claudie, de G. Sand, quel ne fut pas le désespoir de l'auteur qui lui avait confié le rôle du beau Silvain, de voir arriver sur la scène son interprète avec le teint rougeaud, brûlé par le soleil et de la paille dans une perruque en broussailles.

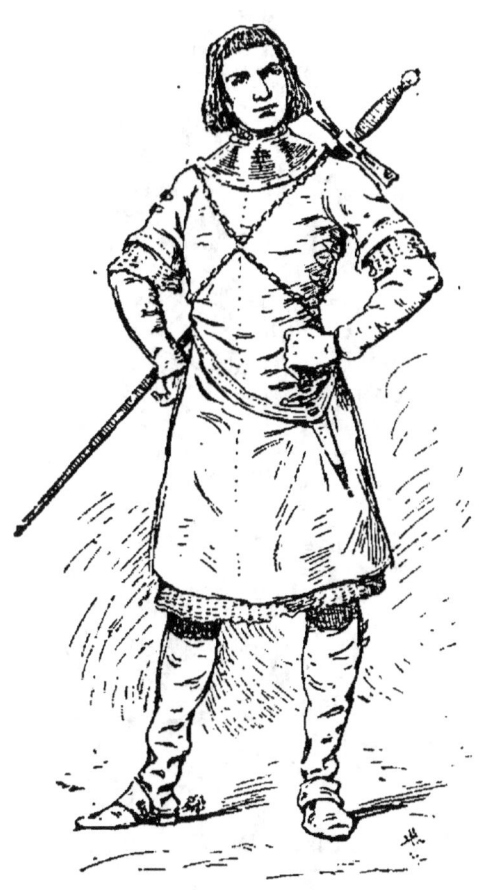

Nemours dans *Les Grands Vassaux*.

Je me souviens de deux sensations profondes dont je suis redevable à ce comédien regretté, qui devait finir si tristement loin des siens, loin de son pays.

La première, dans *Mauvais cœur*, un drame en 5 actes, que je lui avais vu jouer à l'Ambigu, avec Mme Guyon, il y avait déjà quelques années ; la seconde, dans un duc de Lauzun de *Louis XVI et Marie-Antoinette*, à ce même théâtre, rôle à travestissement, où devançant Menier dans son rôle de Chopard, il donna au serviteur dévoué de l'infortunée Reine, dans une de ses transformations, une allure, un ensemble d'aspect, qui purent, inconsciemment peut-être, servir de point de départ à la composition du sinistre maquignon.

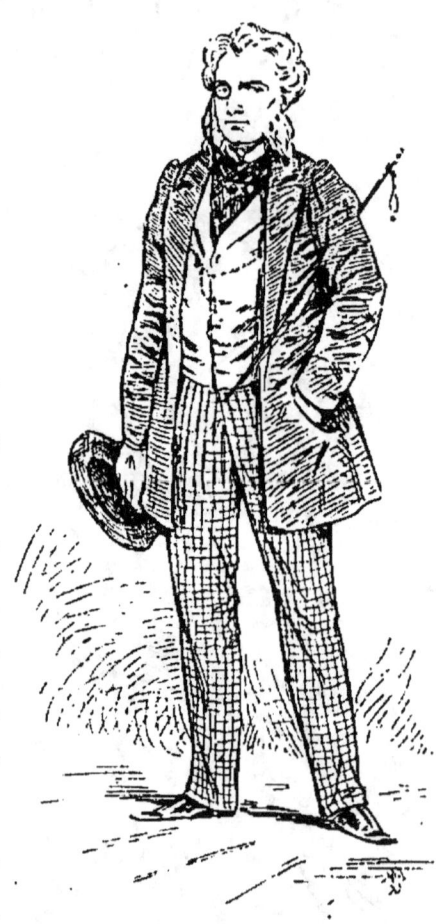
Bonnet dans *Le Droit chemin*.

Au théâtre historique, Fechter avait fourni déjà des preuves de cet amour de la recherche du pittoresque, dans *Pauline* et dans *les Frères Corses*.

Moins romantique que Laferrière, plus moderne,

il avait, lui aussi, appartenu à la Comédie-Française; mais, n'ayant pas la patience d'attendre à son tour, il vint demander aux théâtres de drames, d'abord, aux théâtres de genre, ensuite, une situation qu'il conquit avec autant de rapidité que de justice.

Après ma présentation à M. de la Rounat, qui fut mon directeur, d'abord, et resta toujours mon ami, je fus engagé, séance tenante, du 1er septembre 1852, pour quatre ans ; 200 francs par mois la première année, 250 la seconde, 300 la troisième et 500 la quatrième : autant de chiffres jusqu'alors inconnus.

Je débutai, le 11 décembre 1857, dans un drame en 5 actes de F. Didier, *le Rocher de Sisyphe*, rôle d'Olivier Séchard.

Je fus très bien accueilli et la presse se montra pleine de bienveillance.

Je jouai successivement : *Une femme heureuse, la Mouche du Coche, Ce que Fille veut, les grands Vassaux*, 5 actes de V. Séjour, avec M. Ligier qui représentait Louis XI, *le Droit chemin*, de Saint-Ybars, *le Poème de Claude* et enfin *le Testament de César Girodot*, de mon cher et regretté ami Adolphe Belot.

La pièce était soigneusement montée : Kime Saint-Léon, E. Mark, Rey Démarsy, Harville, Mme Picard, Mlle Mosé, Bertin, etc., formaient un bon ensemble.

Comme dans les autres théâtres de Paris auxquels j'avais appartenu, je retrouvai là encore, une réunion d'excellents artistes :

MM. Tissserant, Clarence, Armand, Saint-Léon, Pierron, Kime, Thiron, Valnay, Laray, Ariste, Roger.

Mmes Thuillier, Periga, Picard, Ramelli, Marie Brindeau, Mosé, Debay, Debonne, Raucourt, Beuzeville, Gibert.

Le Testament de César Girodot eut un succès de plus de 200 représentations, et, ce qui est curieux, c'est qu'au moment de jouer cet ouvrage, qui devait accompagner sur l'affiche *le Passé d'une femme*, drame en 4 actes, on hésitait beaucoup sur l'ordre dans lequel on jouerait ces deux pièces. Tisserant, qui, dans *le Passé d'une femme*, avait un rôle très important, et qui exerçait dans ce théâtre une grande et légitime autorité, insista et le 30 septembre 1859, à 8 heures, nous commençâmes le spectacle par *le Testament*, laissant au *Passé d'une femme* la place d'honneur.

Mais, il arriva que ce diable de *Testament* eut un tel succès que *le Passé d'une femme* s'en ressentit assez vivement.

Pendant deux ou trois jours, on essaya de maintenir l'ordre de l'affiche; mais, le public a toujours raison; il fallut céder, la semaine suivante : on commença par *le Passé d'une femme*, et ce que l'on nommait dédaigneusement un vaudeville fut joué tous les soirs, à 9 heures et demie, devant une salle comble. Pour ma part, j'ai interprété ce rôle de Célestin Girodot plus de 200 fois, et l'œuvre de mon ami Belot prit plus tard sa place au répertoire de la Comédie-Française.

Mme Picard, dont le succès fut très vif dans le rôle de Clémentine Girodot, avait joué jusqu'alors l'emploi des jeunes premières, et cela, avec d'autant plus de mérite, que son physique la poussait plutôt vers l'emploi des caractères.

Je me souviens avoir été, avec elle, voir une sortie de la grand'messe à Saint-Sulpice, pour y découvrir un type pouvant servir de modèle à l'acariâtre Clémentine.

Nous trouvâmes notre affaire ; mais, le jour de la répétition générale, quand j'eus moi-même grimé Mme Picard, quand elle se vit les yeux cernés, le nez

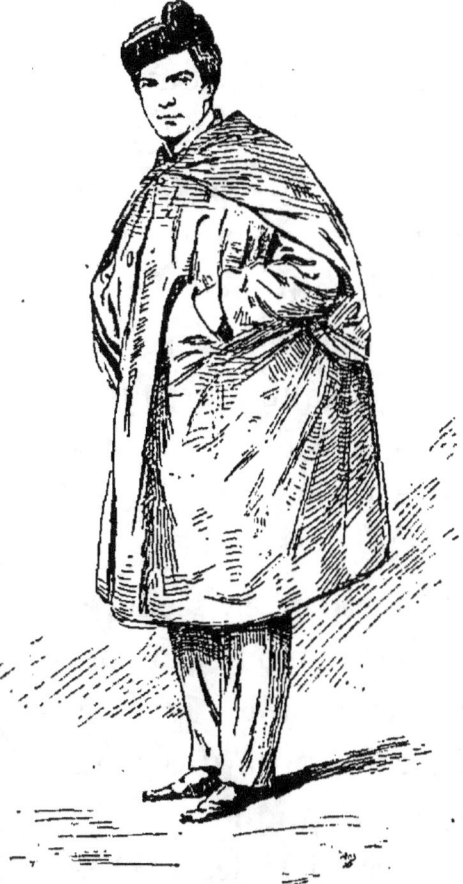

Célestin Girodot dans *le Testament de César Girodot.*

rougi surmonté du pince-nez bleui, que nous portions tous trois, père, mère et fils; quand elle se vit coiffée des bandeaux plats, des tire-bouchons et du petit chapeau bibi, elle eut un moment de désespoir bien amusant. Ah! ce soir-là, il fallut dire adieu à tous les souvenirs de l'emploi où l'on aime et où l'on est aimée; mais, elle eut de quoi se consoler, car ce fut un des plus grands succès de sa carrière.

Le rôle de Célestin Girodot était le type nouveau, à cette époque, de ce gandin, dans lequel mon camarade Dieudonné devait plus tard, au théâtre du Gymnase, se faire une réputation.

Chaque jour, j'arrivais à la répétition avec un nouveau détail, cherché dans la patiente observation, dans l'étude laborieuse, et, chaque jour, Pierron mettait en ordre mes idées, encadrant ces nouveaux matériaux dans l'ensemble de sa construction scénique.

Car, c'est là le vrai rôle du metteur en scène. Il ne s'agit plus pour lui de cet art démodé qui consistait à faire tourner autour des meubles les personnages d'une comédie. Le rôle de ce directeur des études est plus large, plus compliqué.

Son seul mobile doit être d'éclairer les parties obscures de l'œuvre qui lui est confiée, par des jeux de scène, ne devant cependant jamais détourner ou, pour mieux dire, absorber complètement l'attention du spectateur de manière à lui faire perdre de vue l'action et surtout le dialogue.

Si ce qu'il indique à un artiste n'est pas exécuté comme il le comprend, il ne faut pas qu'il s'attarde dans une persistante démonstration, ni qu'il s'entête à exiger de l'artiste une exécution, qui, le plus souvent, ne donne qu'une plate imitation, un calque servile.

Vous ne pouvez demander à un comédien ce que vous demanderez à son camarade; autant d'exécutants, autant de moyens d'exécution différents; il faut donc qu'il tienne compte de leur tempérament, de leur intelligence, et surtout de leur adresse.

Il y a des comédiens d'une grande valeur, dont j'ai constaté, avec stupeur, la profonde maladresse.

Dans les attributions du metteur en scène, il en est une, capitale, à mon sens, celle de mettre à un seul point (celui de l'intérêt de l'ouvrage) la tendance bien naturelle des exécutants à s'isoler et à ne voir que leur propre personnage.

Je parlais, tout à l'heure, de l'adresse; il serait aussi injuste de nier les avantages de ce don naturel, qu'il serait hors de proportion de l'élever à la hauteur d'un art.

Mais je dois dire que, souvent, il m'a paru que les comédiens adroits de leurs mouvements possédaient presque toujours une autre qualité, celle d'une précision instinctive des temps.

Cette mesure intérieure, métronomique, des silences, peut donner de grands effets.

Après avoir créé *la Fête de Molière*, *les Equipées de Stenio*, *Un Parvenu* de Bouilhet, *Daniel Lambert* de mon ami de Courcy, *l'oncle Million* de Bouilhet, je commençai la troisième année de mon engagement en interprétant *les Frelons*, *Jaloux du passé*, *Béatrix ou la Madone de l'art*, de M. Legouvé, avec Mme Ristori, qui jouait pour la première fois, dans notre langue, ce rôle dans lequel elle fut admirable.

J'avais, à ce théâtre de l'Odéon, un camarade qui devint quelques années après, mon collègue à la Comédie-Française ; doué d'un esprit irrésistible, d'une fantaisie étourdissante, ses mots faisaient balle. J'ai nommé Thiron.

Nous avions imaginé, dans cette *Béatrix*, une gaminerie qui nous attira une forte amende de la direction et une lettre sévère de l'auteur.

Au premier acte, il y avait une scène toute de préparation, où je demandais à Thiron qui représentait l'impresario Kingston :

« — Dites-moi, cher Monsieur, cette Béatrice est, à ce qu'il paraît, non seulement une grande artiste, mais, de plus, d'une vertu à toute épreuve ? »

« — Oui, Monseigneur, c'est vrai. »

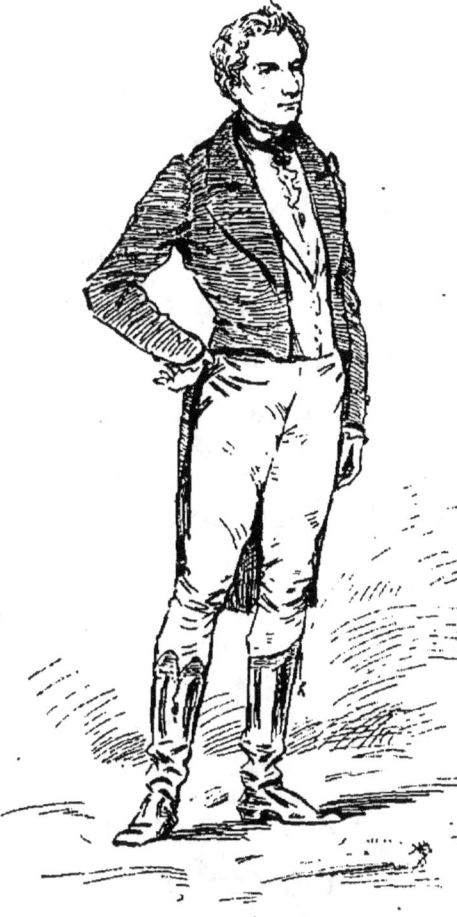

Comte Oldembourg
dans *Béatrix*.

— « Parle-t-elle bien le français ? » Là était l'ingénieuse préparation dont j'ai déjà dit un mot, et qui devait prévenir les spectateurs de l'accent italien assez prononcé de la célèbre artiste.

« Avec un léger accent, » devait me répondre Thiron ; mais, dans sa bouche, c'est un charme de plus, etc.

— De l'accent, Monseigneur, aucun ! Comment elle parle le français ? Mais, comme vous et moi, avec la plus grande pureté, me dit Thiron.

De sorte que, lorsque cette pauvre Mme Ristori arriva à ce vers :

« *Cé casque qui mé vient de Diou même ?* »

Il se produisit dans la salle un mouvement que le lecteur peut facilement imaginer.

Mme Ristori n'avait aucune notion de notre mise en scène réglée, prévue...jusqu'à l'imprévu... Quand on lui demandait : Quand désirez-vous passer à droite, madame ? elle répondait tranquillement :

« Est-ce que ze sais moi, quand ze sentirai l'inspiratione!... »

Pierron lui fit comprendre qu'en France on avait l'habitude de convenir d'avance des moindres détails ; sans quoi, pour peu que deux artistes aient la fâcheuse inspiration de passer en même temps, ils risquaient fort d'amener une rencontre qui ne manquerait pas de jeter un peu de comique dans une situation où l'auteur n'en avait pas rêvé.

Elle se rendit aux bonnes raisons de Pierron, et je dois dire qu'après avoir fort apprécié notre façon de faire, elle en tira de merveilleux effets.

VIII

Le succès du petit Célestin Girodot avait attiré sur moi l'attention de la presse et des auteurs.

Henry de Kock qui me connaissait de longue date, venait de terminer, avec Th. Barrière, un drame tiré de son roman *le Médecin des voleurs* et qui avait pour titre, au théâtre :

La Maison du Pont Notre-Dame.

Il y avait dans ce noir mélodrame un rôle de petit clerc de procureur — *Piccolet* — rôle charmant, plein d'esprit, de cœur, un vrai bijou.

Barrière et H. de Kock voulurent bien me choisir

pour le jouer et demandèrent l'autorisation à mes directeurs, qui consentirent avec une parfaite courtoisie.

On me présenta à Chilly qui dirigeait l'Ambigu, où l'ouvrage était reçu.

Chilly, qui eût préféré un acteur du nom de Schey, me fit signer un traité, aux termes duquel je devais créer *Piccolet*, moyennant 400 francs par mois.

Un rôle de pièce, en représentation ! 400 francs ! que demanderaient aujourd'hui mes jeunes camarades... Je signai avec joie; qu'est-ce que cela pouvait me faire ! Il s'agissait de bien autre chose que de gagner la forte somme !! il y avait là une occasion unique de me faire connaître. Le malheur, c'est que je demeurais, à cette époque, boulevard Montparnasse ; de l'Ambigu, la route était longue ; mais, à cet âge, pour jouer un beau rôle... quelle fatigue ne supporterait-on pas !

La pièce était curieuse, amusante en certaines parties. Les répétitions marchaient bon train, quoique Barrière eut à lutter, chaque jour, avec Chilly, qui continuait à regretter Schey.

J'avais pour partenaire une actrice très gentille, Mme Milla, elle jouait *Colette;* Piccolet et Colette étaient le sourire, la grâce de ce drame, où Lacressonnière représentait un double personnage, Castellano un rôle de comédie dans le genre de ceux de Félix, du Vaudeville, et Machanette, le traître classique.

Je ne puis laisser passer ce nom de MACHANETTE sans dire un mot de ce comédien, qui n'a péché que par un seul côté : trop de zèle, trop de désir de bien faire.

Encore un qui avait fait d'heureux débuts au Théâtre-Français, dans la tragédie.

Doué d'un bon physique, d'une superbe, trop superbe voix, il en était arrivé à n'être plus pris au sérieux. Rien de dangereux comme la blague.

Et tout cela était venu de ce qu'un soir, dans les *Quatre sergents de la Rochelle*, où il représentait le bon capitaine qui vient, dans la prison, annoncer aux quatre prisonniers, qu'il a trouvé un moyen d'évasion :

« Après le couvre-feu, leur disait-il, la porte sera ouverte, des chevaux vous attendront, etc... »

Mais au lieu de dire tout cela à voix basse, dans son zèle, il s'oubliait jusqu'à le crier à pleins poumons. Un soir, le gros Laurent qui jouait dans la pièce entra en scène et, s'adressant à Machanette, lui dit, avec un sérieux, qui fit que toute la salle se mit à rire :

« Capitaine ! capitaine ! plus bas : on vous entend de la place d'armes ! » puis il ajouta : Heureusement j'étais seul !

A partir de ce jour, l'infortuné Machanette prêta, sans s'en douter, son nom à tous les racontars, à toutes les fumisteries des loustics du foyer, et si, parmi ceux qui l'ont connu, il s'en trouve un qui soit sincère, il conviendra, avec moi, que Machanette valait mieux que sa réputation et que beaucoup de ceux qui, en s'amusant à ses dépens, ont tué sa carrière, étaient loin de le valoir; car, il avait la foi, et ses erreurs faciles à corriger ne venaient que de son trop de conscience et de sa sincérité.

A la répétition générale j'eus du succès; mais, la sobriété que je mettais dans l'interprétation de mon personnage désespérait Chilly.

« Trop simple, beaucoup trop simple; il ne portera pas, la pièce est perdue! » disait-il aux auteurs.

J'étais anéanti. Barrière, lui, haussait les épaules et se contentait de répondre :

« Ne l'écoute pas, mon petit Febvre, tu as été charmant ; joue comme cela demain soir, et je te prédis un gros succès. »

De Kock me reconduisit et m'assura que Barrière était ravi, qu'il ne fallait rien changer à mon jeu.

Je passai une singulière nuit ; ce diable de Chilly avait fait naître le doute dans mon esprit.

Puis, je m'endormis rassuré par ce mot de Bouffé, qui me revint en mémoire :

« Une salle de spectacle se compose généralement de 1.000 à 1.200 spectateurs, sur lesquels il y a, peut-être, 3 ou 4 connaisseurs. »

C'est pour ces 3 ou 4 là seulement qu'il faut jouer ; le reste ne compte pas.

Enfin, le 22 septembre 1860, le rideau se leva sur cette *Maison du Pont Notre-Dame.*

Après une scène d'ivresse, où le pauvre petit Piccolet qu'on a trop fait boire, répète en gémissant :

« Mon Dieu, que je suis malade ! »

Je fus rappelé, choyé, fêté ; c'était un succès.

Barrière et H. de Kock étaient avec mes amis dans ma loge, après la chute du rideau, quand Chilly vint à son tour :

« Je te fais mes excuses, me dit-il. Je me suis complètement trompé, tu as été charmant ; à partir de demain, je te paierai tous les soirs ta voiture, 2 francs de feux ! ! »

Pauvre Barrière, pauvre Henry de Kock, morts tous deux ! Mais bien vivant, le souvenir reconnaissant et affectueux que vous conserve votre ancien petit Piccolet.

IX

Les représentations de *la Maison du Pont Notre-Dame* terminées, je rentrai à l'Odéon pour y jouer, avec Laferrière, *Elle est folle* et *Antony.*

Pendant ces quatre premières années, je repris, dans le répertoire classique :

Tartuffe, les Fourberies de Scapin, les Folies amoureuses, le Philosophe sans le savoir, Bruis et Palaprat, le Chevalier à la mode, le Barbier de Séville, le Malade imaginaire, le Dépit amoureux, Guerre ouverte, l'École des femmes, le Menteur, la Gageure imprévue.

Pour *le Chevalier à la mode*, Fechter, que je suppliai de ne pas me confier une aussi lourde tâche, me répondit :

« Mais, sois donc sans crainte; ceux qui désirent voir bien jouer ce rôle ne viendront pas t'entendre.

« Ceux qui se risqueront seront indulgents ; c'est un théâtre d'essais que l'Odéon, tout le monde a le droit de s'y tromper, d'y être mauvais même; n'en abuse pas, et joue en toute tranquillité. »

Ah ! que Mélingue avait de plus en plus tort, et que les conseils d'un bon professeur m'eussent été d'un utile secours !

Mes soirées libres, je les passais à la Comédie-Française, me pénétrant bien des traditions du répertoire, prenant au vol des leçons de diction.

Celui qui m'eût dit, à ce moment, que je deviendrais le camarade et le collègue de tous ces grands artistes, m'eût trouvé bien incrédule.

Il y eut une reprise qui fit quelque tapage. L'Odéon venait de remettre à la scène *Tartuffe*, avec cette curieuse distribution :

Tartuffe	Fechter.
Cléante	Tisserant.
Orgon	Saint-Léon.
Valère	Armand.
Damis	Febvre.
Loyal	Fréville.
L'exempt	Lauthe.
Elmire	Mme Périga
Pernelle	Mlle Beuzeville.
Dorine	Thierret.
Marianne	A. Mosé.

On a fait beaucoup de bruit autour de cette fameuse mise en scène imaginée par Fechter ; on a versé beaucoup d'encre à ce sujet et, quand on y réfléchit, quand on a été mêlé d'une façon quelconque au débat, on doit reconnaître que cela ne méritait, vraiment, *ni cet excès d'honneur ni cette indignité*.

Fechter, toujours amoureux de la vérité, avait tout simplement tenu compte des édits somptuaires de l'époque du grand Roy, et, à mon sens, il avait eu parfaitement raison.

Dans *Tartuffe*, un seul rôle a le droit de porter du

velours et de la soie, celui de Valère, jeune courtisan reçu à la cour. Quant à la famille Orgon, étant tout ce qu'il y a de plus bourgeoise, elle doit suivre les prescriptions de l'édit.

Quand Mme Pernelle dit à sa bru :

> Que vous alliez vêtue ainsi qu'une princesse...

ce n'est là, assurément, qu'une des exagérations familières à cette bonne dame, et il est bien évident qu'elle tiendrait le même langage si Elmire était vêtue de drap ou de droguet.

J'ai vu, à la Comédie-Française, une soubrette de beaucoup de talent, et qui, malgré son esprit proverbial, jouait Dorine de *Tartuffe* et Martine des *Femmes savantes*, avec de gros diamants aux oreilles. A-t-on fait le procès de l'administrateur de cette époque, qui n'avait pas interdit un aussi grossier contresens.

Pour ma part, je maintiens qu'il est aussi ridicule de se vêtir comme nous le voyons quelquefois, pour jouer *Elmire*, qu'il était injuste de ne pas apprécier les raisons qui avaient poussé Fechter à conserver à chacun des personnages l'aspect exact qu'il devait avoir.

Si on a fort peu parlé du jeu de Fechter dans ce rôle de *Tartuffe*, on s'est en revanche, trop préoccupé de la scène, où Orgon, arrivant de voyage, se fait retirer ses guêtres par Dorine, tout en s'informant de ce qui s'est passé chez lui, *et comme est-ce qu'on s'y porte ?*

En quoi cela gêne-t-il le spectateur, qui ne peut perdre un mot du dialogue (ce jeu de scène se faisant toujours au premier plan) ? En rien ; au contraire, cela donne à toute la scène un mouvement de vérité et de variété, qui ne peut que venir en aide au jeu des acteurs et ajouter à l'effet.

« Renoncer aux formes, aux habitudes de son propre individu pour prendre celles des personnages confiés à son interprétation, est la *première* condition du talent d'un comédien, » a dit un célèbre critique dramatique.

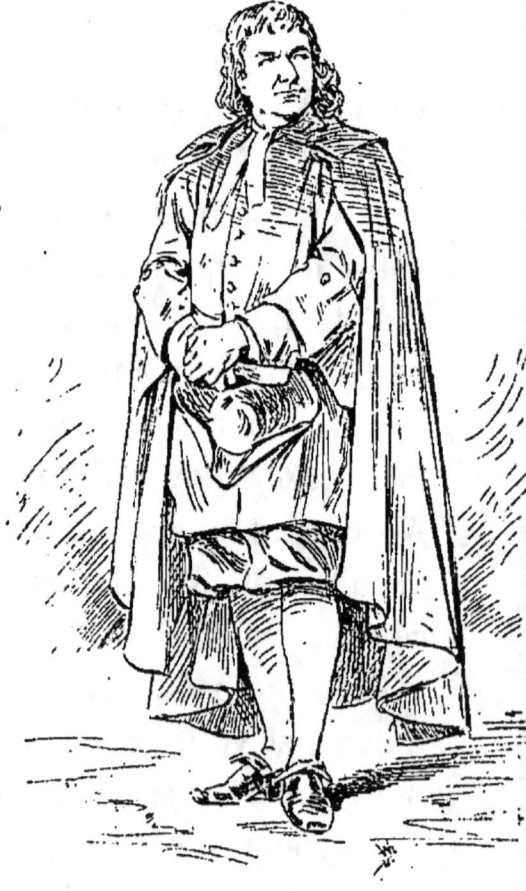

Tartuffe.

Si Molière n'avait pas eu sur la scène deux bancs de sept pieds de long réservés aux gentilshommes de la haute direction de la comédie, soyez certain qu'il n'eût pas étalé ses interprètes en rang d'oignon, comme on dit vulgairement.

Il faut reconnaître que, dans de pareilles conditions, il était difficile de grouper des personnages; car, la scène, en n'y comprenant que l'espace laissé libre par les banquettes, n'avait que quinze pieds à son ouverture et onze à son extrémité opposée.

Ces banquettes ne furent supprimées que vers 1759. Que de progrès, de confort depuis cette époque! Le spectateur qui pénètre, aujourd'hui, dans la salle de la rue de Richelieu, peut admirer cette scène aux belles et justes proportions, ce foyer du public, unique en son genre, où se trouvent rassemblés tant de chefs-d'œuvre divers.

Qu'ils sont loin les *lampions* ou *biscuits* composés de chandelles, les jours ordinaires, et de bougies, lorsque le Roy faisait à ses comédiens ordinaires l'honneur de les venir visiter.

Aujourd'hui, on rirait des décors et du mobilier qui ont servi à la création de ces deux bijoux du répertoire d'Alfred de Musset : *Un caprice, Il faut qu'une porte soit ouverte ou fermée.*

Nous obéissons tous à un besoin de vérité, auquel le public est sensible, sans s'en rendre compte; car, il sent qu'une chose est bien, sans savoir au juste pourquoi il la trouve bien.

Que de pièces jouées avec succès, dont je pourrais citer les titres, qui n'ont dû leur fortune qu'à cette illusion, à ce charme des yeux qui se nomme la mise en scène.

Un autre grief, reproché à Fechter, dans ce *Tartuffe* auquel je reviens par un assez long détour, c'est le verre de vin qu'il buvait à la fin du troisième acte. Là, il avait tort ; car, ce mouvement silencieux, isolé, constitue ce que Molière a évité avec tant de soins, dans tout le rôle de l'*Imposteur :* un *aparté.*

On pouvait, on devait condamner ce jeu de scène excessif ; mais, on aurait dû lui tenir compte d'un effort d'intelligence, d'une tentative hardie pour sortir de la *routine*, qu'on pare souvent du titre pompeux de *tradition* et dont quelques-unes auraient, à juste titre, le droit d'étonner Molière, s'il revenait en ce monde.

A mon avis, un reproche plus grand aurait pu être fait à Fechter, c'était de s'être défiguré jusqu'à la laideur, jusqu'au dégoût.

Si Tartuffe a l'oreille rouge et le teint bien fleuri, il n'en faut pas conclure qu'il est bourgeonné, repoussant : loin de là ; et je citerai le mot de ma célèbre camarade, Mme A. Plessy, alors que j'avais été lui demander ses précieux conseils, au moment de paraître, pour la première fois, à la Comédie-Française, dans ce beau et terrible rôle :

« Mon cher enfant, me dit-elle, j'ai vu bien des Tartuffes ; j'ai joué ce rôle d'Elmire, avec bien des artistes de talent, j'en ai vu de *sinistres* et dont le seul aspect eût dû faire réfléchir Orgon, avant d'introduire sous son toit un hôte d'un physique si peu engageant.

« J'en ai vu de trop pressants et de trop *pressés*, qui débutaient, au troisième acte, par une mimique tellement *gloutonne*, que je me demandais, avec inquiétude, ce qu'il adviendrait de moi au quatrième.

« J'en ai vu de bonnes façons, un peu *ronronnants*, mais pas troublants le moins du monde.

« Tous ces artistes, croyez-le bien, se trompaient. Il faut que Tartuffe soit séduisant, de voix agréable, de parfait maintien ; il ne perd tous ces avantages que lorsqu'il est à table ; mais, en dehors de ce moment, un homme qui s'exprime dans une langue comme celle qu'il emploie, est un homme terriblement dangereux.

« S'il n'est pas dangereux, il n'existe pas. Elmire n'est pas en péril, s'il n'a pas de charmes et s'il n'a pas tous ces avantages, Elmire a moins de vertu. »

Je ne connais pas de rôle qui ait donné lieu à plus de controverses que celui de Tartuffe.

Les comiques ont, à plusieurs reprises, essayé de s'en emparer ; mais, les résultats obtenus par ces tentatives ont prouvé surabondamment que Tartuffe est un premier rôle.

La sortie du quatrième acte, à elle seule, est celle d'un personnage qui doit être pris au sérieux ; car, elle demande une grande autorité, une certaine noblesse de gestes et d'attitude, pour que l'effet en soit terrifiant.

M. Samson lui-même, ce comédien d'un si grand talent, n'a pu se maintenir dans ce rôle.

M. Régnier ne l'a pas abordé, que je sache. Coquelin a beaucoup écrit sur l'interprétation de *Tartuffe*, dont il n'a malheureusement joué, à la Comédie-Française, que le troisième acte, le soir de sa représentation de retraite. D'autres comiques après lui, non des moins illustres, s'y sont essayé et le succès n'a pas été à la hauteur de leur grande intelligence et de leurs consciencieux efforts.

Je ne juge pas, je ne me permets pas de juger. Je constate seulement, et la presse, d'ailleurs, l'a constaté également avant moi.

A l'Odéon, l'interprétation avait été très soignée ; après Fechter, Mme Thierret, qui abordait Dorine, était l'artiste la plus impatiemment attendue du public.

Elle donna à ce rôle le véritable aspect qu'il comporte ; car, elle avait cette grande et précieuse qualité, l'âge de son rôle.

Quand on y réfléchit un peu, on se rend compte du contresens fâcheux qui fait distribuer à des jeunes filles jouant l'emploi des soubrettes, cette Dorine, cette vieille servante qui n'a droit à son franc parler dans cette maison que parce qu'elle y a passé sa jeunesse, qu'elle a élevé les enfants qui y sont nés ; sans cela, jamais Orgon ne souffrirait qu'une jeune servante se permette de lui faire de la morale et de contrôler ses actes. Jamais une jeune fille n'oserait, surtout à cette époque, dire à Mme Pernelle, au premier acte :

> Veut-on que là-dessus je m'explique entre nous :
> Je crois que de madame il est, ma foi, jaloux !

Et où donc cette gamine aurait-elle puisé cette audace, cette assurance, cette finesse d'observation, cette pratique de la vie ?

Où aurait-elle appris tout ce qu'il y a dans le fameux couplet :

> Daphné, notre voisine, et son petit époux, etc...

et, dans cet autre si plein de bon sens et d'expérience :

> L'exemple est admirable et cette dame est bonne, etc.

Et, au deuxième acte, où Dorine dit à son maître :

> Et je veux vous aimer, monsieur, malgré vous-même !

Est-ce là, je le demande à ceux qui n'ont aucun parti pris, le langage et le maintien d'une jeune servante ?

La charmante et regrettée Samary était une soubrette effrontée, pleine d'esprit, de gaieté, de tout ce qu'on voudra ; mais, ce n'était pas Dorine.

Mme Thierret eut donc un grand succès.

Je me souviens que Got, le soir de cette première à laquelle il assistait, vint faire à Fechter tous ses compliments.

La pièce, sans avoir un gros succès, se maintint quelque temps sur l'affiche.

Il y avait, à cette époque, dans le jardin du Luxembourg, un Guignol dont nous suivions avec assiduité les représentations.

Kime, Thiron et moi, après nos répétitions, étions les meilleurs clients de ce petit théâtre, nous intéressant vivement aux méfaits de Polichinelle.

Un jour, où il n'avait pas sa verve habituelle, comme nous exprimions, un peu trop haut peut-être, notre mécontentement, quelle ne fut pas notre surprise lorsque la marionnette, se tournant de notre côté et nous regardant bien en face avec ses yeux faits de clous d'acier, nous répondit sévèrement :

« Il y a dans la salle des artistes qui ne devraient pas blaguer leurs camarades ! »

Nous nous le tînmes pour dit, et cette dure leçon nous profita depuis.

Dans son répertoire, ce Guignol avait une chose qui m'avait toujours frappé, c'était de voir substituer au gendarme classique, à ce représentant de la force publique, toujours rossé comme le commissaire, de lui voir substituer, dis-je, un zouave.

Pourquoi un zouave... et pourquoi pas de gendarme?...

N'y tenant plus, j'attendis, un soir, le directeur à la *sortie des artistes*; et, comme je lui peignais mon étonnement, il répondit simplement :

« Mon Dieu, je vais vous dire, monsieur... j'ai servi seize ans en Afrique, j'étais dans les *chasseurs* et j'ai eu tant à souffrir de ces gueux de *zouaves*, que j'éprouve toujours un certain plaisir à administrer une bonne volée à ce soldat de bois, qui porte l'uniforme dont j'ai gardé un si mauvais souvenir. »

La vengeance n'est pas, on le voit, que le plaisir des Dieux !

Et, à propos de Guignol, voici ce que j'entendis à Lyon, sur la célèbre scène de la rue Ecorchebœuf.

Napoléon Ier était à Sainte-Hélène et disait à Bertrand :

« C'est aujourd'hui ma fête, Bertrand; te souviens-tu comme elle était belle, ma fête, aux Tuileries? Et il ajoutait mélancoliquement, avec cet accent canut, que malheureusement la plume ne peut rendre : et, maintenant, Bertrand, tu le vois, je n'ai pas même de bottes. »

Alors Hudson Lowe, caché dans le fond, mettait le comble à sa cruauté, en répondant :

« Des bottes à toi ! jamais ! des vieux souliers lacés... c'est bien assez bon ! »

Le spectacle se terminait par la Passion de Notre-Seigneur Jésus-Christ, et, lorsque Jésus sur sa croix s'écrie : J'ai soif ! j'ai soif ! j'ai soif ! le chef des centeniers disait à ses hommes, avec un sourire plein de mépris :

« Il a soif... il a soif... il a soif !... mais, c'est donc un musicien ! »

Lyon, d'après cette cruelle répartie, semblait, à cette époque, ne pas faire une réputation de grande tempérance aux artistes musiciens.

Vers le milieu de mon engagement il se produisit un changement dans la direction. Tisserant succéda à Fechter, qui partait pour l'Angleterre

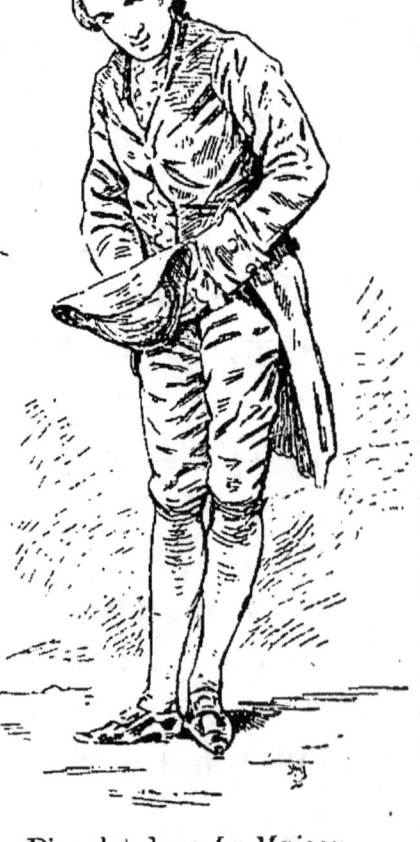

Piccolet dans *La Maison du Pont Notre-Dame.*

et l'Amérique, d'où il ne devait plus revenir.

A ce moment, la Porte Saint-Martin, qui reprenait *le Gamin de Paris*, avec Bouffé, obtint de mes directeurs l'autorisation de m'engager pour jouer en représentation le rôle d'Amédée.

Le temps passait, et ma situation, sans être mauvaise, n'avait pas encore un solide relief.

J'avais bien été remarqué dans deux ouvrages de Bouilhet, dans *le Testament de César Girodot*, dans Piccolet, de *la Maison du Pont Notre-Dame*; mais, je sentais qu'il me fallait un théâtre plus *parisien*, où je puisse créer quelque beau rôle dans un ouvrage moderne d'un auteur à succès, soit Dumas, Feuillet ou Sardou.

L'occasion se présenta : le Vaudeville, avec une direction nouvelle composée de MM. Dormeuil, Benou et Duponchel, allait rouvrir ses portes. Il y avait une belle place de jeune premier, laissée vacante par le départ de Lafontaine ; on me dit que M. Dormeuil avait songé à moi, que j'aille le voir... ce que je fis, comme on pense bien ; et, quelques jours après, grâce à mon vieux camarade E. Pierron, qui avait plaidé ma cause, j'obtins de La Rounat et de Tisserant qui ne voulaient pas être un obstacle à mon avenir, la résiliation à l'amiable du traité qui me liait pour une année encore à l'Odéon.

Avec quelle joie je signai cet engagement du Vaudeville. Songez donc : cinq ans, avec 7.200 francs pour la 1re année, 8.200 la seconde, et 12.000 pour les trois autres ; plus 5 francs de feux, d'abord, 10 ensuite, et un mois de congé, payé cette fois.

Je dis cette fois, car, à l'Odéon, nous en avions, hélas ! des congés... et de trois mois encore... mais, pas payés !

Impitoyablement, ce terrible théâtre fermait ses portes le 30 mai, pour ne les rouvrir qu'en septembre.

Que faire ? Les tournées, à cette époque, n'étaient pas encore inventées.

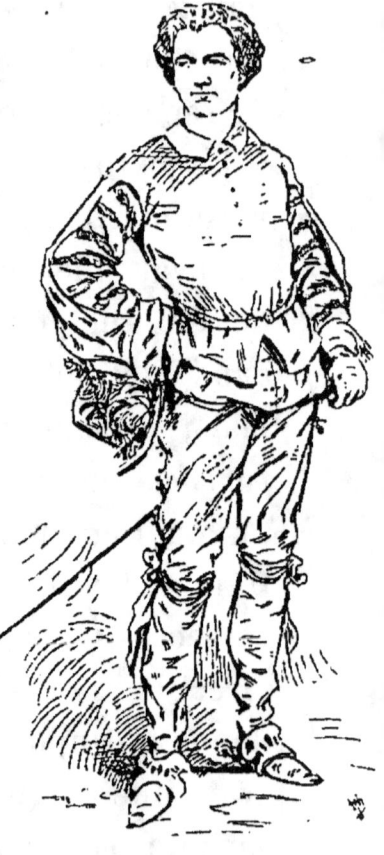

Dorante dans *le Menteur*.

Pour atteindre ce mois de septembre, ce port de salut, ce qui s'est dépensé d'esprit, d'ingéniosité... on ne le saura jamais...

Thiron accompagnait notre ami F. Bonvin à Marcoussis, et quand le maître avait brossé une de ces petites merveilles, qu'on se dispute maintenant, Thiron allait la vendre à Paris.

Moi, j'avais eu le bonheur de prendre pension à

Montmorency, chez de braves gens, qui me faisaient crédit trois mois... Oh ! je ne manquais de rien ! bonne table, bon gîte... Quant au reste... pas un sou d'argent de poche sur moi... Que de fois en étudiant *le Menteur* ou *l'Ecole des Femmes*, sur les routes poudreuses de Daumont, de Sannoy, que de fois, la gorge brûlante, j'ai jeté un regard plein de convoitise sur les bosquets feuillus des petits cabarets, où il eût été si doux de se désaltérer à l'ombre des vignes vierges et des clématites en fleurs ; mais, sans argent, que faire ?... attendre patiemment, travailler sans relâche, acquérir du talent, de la réputation, pour qu'au moment de la retraite, dans le calme et le repos, je puisse, en écrivant un jour le souvenir de ces heures difficiles, jouir de ce que peuvent donner ces deux puissants leviers : le travail et la volonté.

DEUXIÈME PARTIE

1861-1866

PREMIÈRE ANNÉE

I.

La troupe du Vaudeville de la place de la Bourse était des plus brillantes, à cette époque :

Numa, Félix, Parade, Delannoy, Saint-Germain, Chaumont, Munié, Colson, Boisselot, Nertann, P. Clèves, Laroche, J. Deschamps, Coleuille ;

Mmes Fargueil, Lambquin, Doche, Alexis Pastelot, Rousseil, Marie Brindeau, F. Cellier, L. Leblanc, Pierson, Athalie Mauroy, E. Paurelle, Mlle Angèle Brémont, qui devint plus tard Mme Worms, Mlle Desrieux, qui aussi, quelque temps après, épousa mon camarade Coquelin, Mlles Duplessis et Damis.

Tels étaient les éléments de succès sur lesquels avait droit de compter la nouvelle direction.

M. Dormeuil avait commandé ma pièce de début à About et de Najac.

Ces messieurs me taillèrent dans *les Mariages de Paris* un rôle charmant, où tous mes petits talents étaient mis en lumière : musique, escrime, sculpture.

Au dernier acte, je modelais en scène sous les yeux du public, le buste de mon excellente partenaire, Mme Lambquin. Crauck, le célèbre artiste, avait bien voulu me donner ses précieux conseils, et le 5 juillet 1861, je fis mes débuts place de la Bourse, dans *Un Mariage de Paris*, comédie en 3 actes. Nous jouâmes la pièce avec d'assez jolies recettes, malgré l'époque un peu avancée de la saison.

L'ouvrage qui suivit — car, Dormeuil était de la bonne école, — le lendemain d'une première, lecture aux artistes de l'ouvrage qui devait succéder à celui qui tenait l'affiche — l'ouvrage qui suivit, dis-je, était une œuvre posthume de M. Scribe, *La Frileuse*. C'était M. Mahérault, le beau-père de de Najac, qui nous en fit la lecture.

Le nom de Scribe ne figura pas sur l'affiche. Est-ce à cause de ce manque de paternité que la

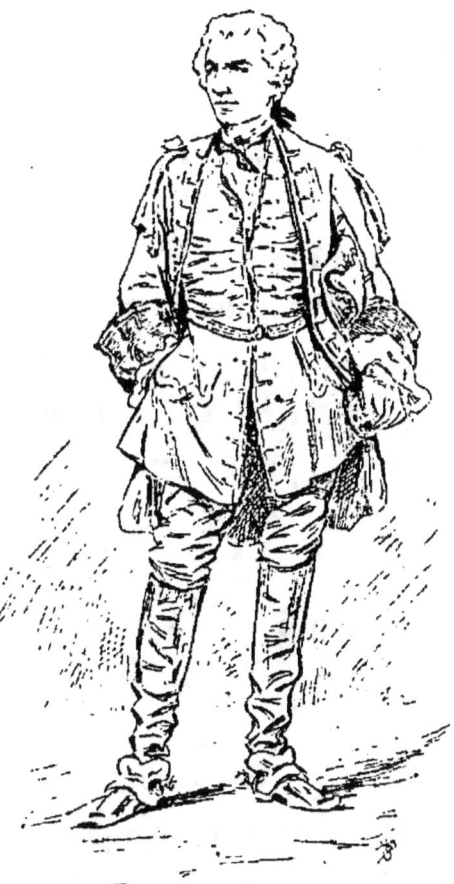

Conrad dans *La Frileuse*.

pièce ne réussit pas ? je l'ignore ; mais, l'effet fut médiocre et les recettes nulles.

L'Attaché d'Ambassade (3 actes de mon ami Meilhac) succéda à *la Frileuse* et servit de début à une jeune femme disparue depuis, Mlle Juliette Beau, qui avait, je crois, fait partie du corps de ballet de l'Opéra.

Ce fut elle qui chanta, pour la première fois au théâtre, *A y chiquita*, cette chanson espagnole qui devint populaire ; je tenais le piano.

La presse trouva la pièce de Meilhac pleine de talent, quoiqu'un peu obscure ; mais, grâce à l'activité dévorante que nous avait communiquée Dormeuil, un mois et six jours après, nous donnions la première représentation de *Nos Intimes*, 4 actes de Sardou.

C'est, sans contredit, une des premières les plus curieuses de ma carrière, et dont j'ai conservé un souvenir bien précis.

L'exposition avait fait grand plaisir — Sardou excelle dans ces premiers actes tout de préparation ; — le second avait admirablement disposé la salle : aussi, lorsque au troisième acte Fargueil inquiète, énervée, reste seule et que le public me vit entr'ouvrir doucement la porte et mettre la clef dans ma poche, il y eut un silence effrayant : la salle sentait bien qu'elle se trouvait en présence d'une maîtresse situation, dont nul ne pouvait prévoir le dénouement; car, je dois le dire, Sardou avait réglé tous les mouvements de cette scène avec une audace, une violence, une passion qui atteignaient des proportions presque inconnues.

Nous sentions, ou pour mieux dire, nous *devinions* bien que l'effet était très grand. Je dis nous devinions, car, pendant toute la durée de cette lutte, pas un mouvement dans la salle, pas un applaudissement, rien que le silence, mais, ce silence précurseur des triomphes éclatants, ou des chutes irrémédiables ; et, lorsque Fargueil à bout de forces, feignant d'entendre quelqu'un marcher sur le balcon, prie Maurice d'y regarder; quand le jeune homme poussé vivement par elle a disparu et qu'elle tombe assise en s'écriant : « Ah ! je me suis bien défendue... » alors, toute cette salle éclata en bravos prolongés, — ce fut une véritable ovation.

Pour ajouter encore au succès de cet acte, si merveilleusement conduit par Sardou, lorsque Félix, si charmant dans ce rôle du docteur Tholozan, pour sauver Fargueil, donne au mari l'explication du désordre qui règne dans l'appartement, les bravos redoublèrent, il y eut je ne sais combien de rappels. — On demandait Sardou à grands cris ; mais, hélas ! le triomphateur avait une de ces migraines, qu'il ressentait, d'ailleurs, à chacune de ses premières représentations.

Si le succès fut grand, il faut dire que la direction du Vaudeville avait bien fait les choses au point de vue de la distribution. Numa, ce comédien si fin, si naturel, était exquis dans son rôle de Marécat ; dans sa bouche, le fameux : *Je ne veux plus coucher dans la chambre chocolat*, était tout simplement épique. Félix, je l'ai déjà dit, était d'une verve endiablée dans ce joli rôle du docteur Tholozan.

Parade, plein de bonhomie et d'émotion, dans celui de Caussade, Munié et Chaumont, complétaient un ensemble qu'on retrouverait difficilement.

Quant à Mlle Fargueil, son succès fut unanime ; et quels gracieux visages groupés autour de la grande comédienne : Pierson, Léonide Leblanc, E. Paurelle.

Le succès, cependant, faillit être compromis, au quatrième acte, par le coup de pistolet que tire Caussade dans la coulisse.

Le public, à ce moment, était parti pour le drame, avec une si grande bonne foi, et avait si bien cru à la blessure ou à la mort de Maurice, que lorsque Parade revint en scène tenant à la main sa victime, c'est-à-dire un renard ! il y eut dans toute la salle un mouvement de surprise... je dirai même de désappointement, qui eût pu tout gâter ; mais, ce public qui n'aime cependant pas que l'auteur se joue de ses émotions, avait pris un trop grand plaisir aux trois premiers actes pour ne pas pardonner à Sardou cet excès d'habileté.

La pièce se joua plus de 150 fois, avec de très belles recettes.

Nous fûmes la représenter à Compiègne devant l'Empereur et l'Impératrice, et je me souviens que Sardou, qui n'était pas chevalier de la Légion d'honneur, à cette époque, ne put dîner à la table impériale : ce qui nous procura le plaisir de nous asseoir aux côtés de notre spirituel auteur.

Mais, il était dit que cette représentation du vaudeville amènerait un incident regrettable, à tous égards : notre théâtre jouait de malheur dans ce palais de Compiègne.

Après avoir eu l'honneur de passer la nuit au château, comme je me promenais, de grand matin, dans le parc, le hasard me mit en présence de l'Empereur, qui marchait appuyé sur le bras du général Fleury.

J'essayai de me dissimuler, ne voulant pas être importun ; mais, Napoléon III m'avait aperçu et, après quelques mots aimables, Sa Majesté me demanda si mes camarades et moi avions été satisfaits de notre réception au château.

Sans hésiter, je répondis :

« Non, Sire ! »

L'Empereur me regarda avec surprise, puis il me pria de lui dire, avec une entière franchise, les causes de ce mécontentement.

Alors, passant sous silence certains détails du dîner et du souper de la veille, dont le menu avait été plus que sommaire, je ne crus pas devoir cacher au souverain qu'après le spectacle, on avait reconduit, à 2 heures du matin, dans des tapissières découvertes, les artistes qui devaient prendre le train spécialement chauffé pour eux, et que plusieurs de ces dames grelottaient en arrivant à la gare.

L'Empereur, se tournant vers le général, lui dit avec une certaine vivacité :

« Vous entendez cela, Fleury ; c'est honteux ! Je ne puis cependant pas surveiller moi-même tous les détails, contrôler le bon ordre du service de ma maison.... Je vous remercie, Monsieur, de m'avoir dit la vérité... que je n'entends pas toujours... mais, je vous assure que cela ne se renouvellera plus à l'avenir, » ajouta-t-il en s'éloignant.

Hélas ! le soir même de *la Famille Benoiton*, cela se renouvela, et dans des proportions telles, qu'après avoir offert mon bras à Mlle Fargueil, qu'on avait reléguée à un bout de table, donnant la place d'honneur, qui lui revenait de droit, à deux des plus jeunes et jolies camarades de la grande artiste, je quittai la table, après avoir dit au chambellan que j'allais revenir et que je le priais de vouloir bien m'attendre quelques instants.

A mon retour, assisté de deux de mes camarades, MM. Parade et Munié, je demandai à M. X.... de désigner à ces Messieurs deux de ses amis, espérant qu'il voudrait bien m'accorder l'honneur d'une réparation à laquelle me donnait droit son inconvenante attitude.

Sur son refus, une scène assez violente se produisit, qui eût pu avoir les plus graves conséquences, sans l'obligeante intervention d'un officier du Palais.

Quand je rentrai à Paris, le jour suivant, je constatai que la presse s'était déjà emparée de l'aventure de la veille, en en grossissant les proportions, déjà suffisantes.

Je fus demandé chez M. Bacchiochi. Leurs Majestés ayant tout appris, faisaient exprimer aux artistes du Vaudeville, et cela avec la plus parfaite courtoisie, leurs regrets. De plus, l'Empereur avait décidé qu'à l'avenir, il ne pénétrerait aucun étranger dans la salle occupée par les artistes, pendant la durée de leur repas, et que la table serait présidée dorénavant par le directeur, ou le plus ancien de la compagnie en représentation dans une des résidences impériales.

Tout eût été pour le mieux, si certains journaux de l'opposition, profitant de ce qu'ils nommaient pompeusement *Un scandale à Compiègne, Les valets de César, Un acte de courage*, que sais-je encore... si tous ces journaux, dis-je, n'eussent pas exalté un acte qui eût été accompli par tout artiste soucieux de la dignité de sa profession. Tout a des bornes. J'avais eu raison; mais, je sentais, au manque de proportions que prenait l'incident, qu'il serait temps de cesser d'avoir eu si raison; car, en somme, rappeler au respect des convenances un chambellan qui s'en écarte, ne pouvait constituer vraiment *une leçon au pouvoir*.

L'année théâtrale se termina par *le Vrai courage*, 2 actes de Belot et R. Bravard, et *les Plantes Parasites*, 4 actes de ce galant homme, qui avait nom de Beauplan.

DEUXIÈME ANNÉE

Alors, cherchant toujours un succès, défilèrent avec une rapidité folle la reprise d'*Un duel sous Richelieu*, de M. Lockroy, où je jouais *Chalais*, en compagnie de Mlle Rousseil, *les Ivresses ou la chanson de l'amour*, 4 actes de Barrière et L. Thiboust, et enfin, un spectacle coupé, où figuraient *le Dernier Couplet;* un acte d'Al. Wolff, *les Brebis de Panurge,* un acte de Meilhac et Halévy et *la Clef de Métella,* des mêmes auteurs !

Malgré tout l'esprit de Félix, malgré sa grande autorité sur le public, l'effet de *la Clef de Métella* fut atténué par le succès des *Brebis de Panurge,* jouées par Mlles Fargueil, Pierson et moi.

La pièce était charmante; aussi, compte-t-elle un nombre des représentations invraisemblables, tant à Paris qu'en province et à l'étranger ; à cette heure, elle fait partie du Répertoire de la Comédie-Française, où j'ai eu le plaisir de la jouer avec Mlle Bartet et Mlle Ludwige.

Enfin arriva *la Germaine,* 3 actes de mon vieux camarade et ami F. Cadol.

Mme George Sand avait pris la peine de me faire recommander par un ami commun le jeune et sympathique auteur, qui d'ailleurs n'avait besoin de l'appui de personne ; car, sa pièce renfermait de grandes et sérieuses qualités.

Le futur auteur des *Inutiles* avait écrit une œuvre douce, pleine d'émotion, succédant comme un doux repos aux violentes péripéties du drame de Sardou.

Son succès des plus honorables permit à la direction de monter *le Mariage d'Olympe,* d'Emile Augier.

Félix, Parade, Saint-Germain, Mmes Fargueil et Lambquin, Cellier et moi, nous jouâmes cette œuvre si hardie, qui devançait toutes les audaces du Théâtre Libre ; on encaissa de belles recettes, quoique le dénouement fût, comme à chaque reprise d'ailleurs, discuté plus vivement encore par le public que par la presse.

Comme dans *Nos Intimes*, une arme à feu faillit compromettre l'effet du dénouement.

Ce coup de pistolet du troisième acte, si légitime qu'il soit, a toujours causé un sentiment pénible aux spectateurs ; il leur a paru plus qu'un châtiment, presque un meurtre, dont un galant homme, comme le comte de Puygiron, ne peut, ne doit se souiller.

Je me souviens, avec un sentiment d'orgueil bien légitime, qu'Emile Augier cherchait un mot final atténuant la violence de son dénouement, et, qu'à une des dernières répétitions, je lui proposai celui-ci qu'il accepta :

« Dieu me jugera ! » disait le vieux gentilhomme, en jetant son pistolet. Le mot subsiste dans une édition qui parut quelques jours après cette reprise (6 mars 1863).

Mlle Fargueil était merveilleuse dans ce rôle d'Olympe. Quel dégoût de la vie, quel mépris de l'homme et de l'humanité dans sa bouche ; le : *que je m'ennuie !* était effroyable de vérité et d'intensité.

La nature avait donné à Mlle Fargueil tout ce que peut souhaiter une comédienne, non seulement une haute intelligence et, plus encore que la beauté, l'expression !

Si les moyens d'exécution n'étaient pas toujours à la hauteur de sa volonté, elle rachetait, au centuple ce qui pouvait lui manquer, par ses autres admirables qualités.

Elle fit sa réputation à coups de succès, et dans des rôles où l'on n'a pas toujours le public avec soi.

Les Filles de Marbre, *Dalila*, autant de personnages peu sympathiques, que cette vaillante comédiennes a marqué de sa griffe puissante...

Félix était l'antipode de la nature nerveuse de Fargueil, sa partenaire habituelle. Lui, c'était bien différent, ne pouvait, ne voulait jouer que de bons rôles. Je dois dire qu'il y a réussi. Je ne connais pas, dans tout son répertoire, un rôle qui ne soit à grand effet.

Les Mémoires du Diable, le Degenais des *Parisiens* et des *Filles de Marbre*, Carniole de *Dalila*, autant de créations sympathiques au public.

Et ce docteur Tolozan des *Intimes*, dont j'ai parlé plus haut, et *la Famille Benoiton*, que sais-je encore ?

De tous ses rôles, le moins bon à la lecture

semble, à coup sûr, Bévalan, du *Roman d'un jeune homme pauvre*; mais, il le joua si bien que, dans cette pièce de Feuillet, il a rendu sa succession bien difficile, pour ne pas dire impossible.

Après la lecture des *Filles de Marbre* aux artistes, alors qu'on venait de lui confier ce bijou de Desgenais, il s'écria avec une conviction qui désarma Barrière : « Encore une panne ! »

C'est dans cette même pièce qu'il disait, après chaque répétition :

« Ah ! je n'ai pas de chance ! c'est encore Fechter qui meurt ! » Ce à quoi, avec beaucoup de gentillesse, Fechter lui répondait :

« J'en ai parlé à Barrière ; il va changer le dénouement : c'est toi qui mourras !

Ah ! disait Félix, étonné et joyeux :

« Oui, tu mourras du chagrin que j'ai ! »

Le talent de Félix se composait d'éléments étranges.

Au physique, un corps robuste, mais, de bonnes proportions, des yeux petits, mais, un regard vif, pétillant de malice, la distinction d'un officier, ayant fait toute sa carrière en garnison.

Une voix sifflante, d'un timbre sonore, avec un léger zézaiement, qui ajoutait encore au comique de l'inflexion.

Cette voix avait le don de donner de l'esprit à des

mots qui s'en accommodaient volontiers ; et, chose curieuse, peu flatteuse pour notre art, sans culture d'esprit, sans éducation première, il rendait vivant et spirituel chacun de ses rôles.

Il faut bien l'avouer, le manque d'éducation ne saurait être un obstacle à la réussite d'un comédien. En dehors de Félix, que de noms je pourrais citer à l'appui de ce dire ; et, j'ajoute qu'il est bien difficile, en revanche, de deviner un lettré sous un mauvais acteur. Mais, hélas ! il en est de l'éducation comme des qualités morales de l'artiste. Tout cela laisse le public bien froid, bien insensible.

Répondez à un spectateur qui vous dit, en parlant de X... :

— Mon Dieu, qu'il est mauvais !

« — Oui, mais il aime tant sa mère... ou bien :
« Savez-vous qu'il est bachelier, docteur en droit, etc...

« — J'aimerais mieux qu'il rendît sa mère très
« malheureuse, qu'il fût brouillé avec l'orthographe,
« et qu'il jouât mieux la comédie, vous répliquera
« l'égoïste, mais logique spectateur. »

Le soir d'une première, alors que la pièce discutée semblait vouloir incliner vers la chute, il fallait voir Félix imposer au public le rôle qui lui était confié.

Jamais soldat ne défendit mieux son drapeau. Il

ressemblait à un conducteur de mail-coach conduisant à quatre chevaux, sa petite canne à la main, en guise de fouet; faisant claquer les mots, enlevant la situation et changeant souvent la déroute en succès, par cette maestria d'une puissance que je n'ai jamais rencontrée depuis.

Je me souviens qu'un jour, à une répétition des *Ivresses ou la chanson de l'amour,* comme il demandait à Barrière le sens d'un mot qu'il ne comprenait pas bien :

« Je ne t'ai pas donné le rôle pour que tu le com-
« prennes, mais, pour que tu le joues : ce qui est
« bien différent, lui répondit l'auteur des *Faux*
« *Bonshommes,* c'est-à-dire pour que tu aies des
« gants blancs, à 10 heures du matin, une redin-
« gote trop serrée à la taille, une petite canne, et
« que tu lances tous tes mots par-dessus la
« rampe... tac... tac... tac !.. Comprends-tu ? »

Et Félix se contentait de répondre :... « Tac, tac, tac..., mais, sapristi! si c'est un mot d'esprit, il faut pourtant bien que je le sache ?

« — Garde-t'en bien, s'écriait Barrière; si tu le
« comprenais, ce ne serait plus un mot d'esprit... »

Et le bon Félix, baissant la tête, murmurait :
« Tac, tac, tac, ah ! vous me traitez bien, merci ! »

Grâce au diapason qu'il donnait, dès la première scène, avec lui, rien ne tombait, et quand arrivait le baisser du rideau, la tonalité générale était aussi brillante qu'au début de la soirée. C'était, en outre un de ces artistes dont la génération disparaît peu à peu, apportant à l'interprétation de ses rôles un soin méticuleux. Un détail bien amusant : il était convaincu de se renouveler à chaque création, soit en coupant ses favoris, ne gardant que ses moustaches, soit, au contraire, en coupant ses moustaches et ne conservant que ses favoris, qui lui donnaient une vague ressemblance avec Louis-Philippe.

Quant à sa mise, elle est restée légendaire. Un trait peindra, mieux que ne le pourrait faire la plus longue analyse, le respect de Félix pour le public et pour lui-même.

C'était le soir de sa rentrée; on donnait une pièce de Labiche, dans laquelle Félix représentait un clubman très élégant, qui, au lever du rideau, sort de sa chambre à coucher, vers 9 heures du matin.

Labiche, qui était dans la coulisse, ne put retenir un mouvement de stupéfaction en voyant Félix, à cette heure matinale, en habit noir, gilet de soirée, gants blancs. Il s'approcha vivement de son interprète, lui faisant observer que jamais un homme du monde n'est vêtu de cette façon, le matin, et qu'un simple veston de chambre serait suffisant.

« Le jour de ma rentrée, reparaître devant le public en veston ? jamais ! »

Au demeurant, il était ce qu'on nomme un bon diable, mais, maniaque au dernier point.

Dans *le Mariage d'Olympe*, dont je parlais tout à l'heure, Parade jouait délicieusement le rôle du comédien qui vient placer des billets pour sa représentation à bénéfice.

C'était surtout un comique naïf, avec une bonne et douce physionomie éclairée par deux gros yeux étonnés; mais, on s'obstinait, je ne sais pourquoi, à travestir le talent de cet artiste, en en faisant une sorte de premier rôle sentimental et pleurnichard, lui faisant perdre, peu à peu, toutes ses qualités natives.

Dans le garçon de restaurant des *Marquises de la Fourchette*, il était admirable.

Dans *les Faux Bonshommes*, son Duffouré lui avait valu un succès aussi vif que mérité.

Mais, dans des rôles comme *les Lionnes Pauvres*, il était ce que peut être un comédien de talent; mais, inférieur à n'importe quel premier rôle.

Le son de sa voix, l'expression de son visage, rien en lui ne se prêtait à l'interprétation de personnages ayant à exprimer des sentiments nobles, violents, ou passionnés.

Il paraît que faire pleurer est le rêve de ceux que la nature a créés pour provoquer le rire.

N'avons-nous pas vu, sur une de nos premières

scènes, un rôle des plus tragiques, créé par un maître tragédien, confié à un comique de beaucoup de talent : ce qui amena une lourde chute ; c'est qu'il existe au théâtre une loi d'aspect physique, à laquelle les plus grands talents ne sauraient se soustraire.

Et puisque je parle du physique au théâtre, quand on se reporte, par le souvenir, à ce qu'étaient, il y a vingt et quelques années, la carrure et l'aspect de ceux qui jouaient les premiers rôles et les amoureux, on reste frappé de l'ensemble brillant que présentaient alors des artistes comme Volnys, Lafont, Brindeau, Leroux, Bressant, Fechter, Lafontaine, Laferrière, Berton père, Mélingue, Clarence, Bignon, Lacressonnière, Dumaine et, dans l'emploi comique : Provost, Sansom, Geoffroy, Barré, Félix. J'en passe, et des meilleurs peut-être.

Ceux qui leur succèdent sont pleins de talent, sans doute ; mais, sans être sévère, le public peut estimer avec raison, qu'il s'en trouve quelques-uns parmi eux, dont les qualités naturelles ne font pas oublier le peu de charme ou de sympathie de leur personne. Hélas ! la comparaison est tout à l'avantage de leurs devanciers.

Si dans l'armée française, on a été obligé de baisser la taille réglementaire, on devrait, par tous les moyens possibles, essayer de la maintenir au théâtre. Songez qu'il s'agit, en dehors du répertoire moderne, de représenter les héros de l'antiquité, c'est-à-dire, des personnages qui, dans l'imagination du spectateur, sont plus grands que nature, ou bien encore de hautes et nobles figures, comme celles d'*Alceste* et de *Don Juan*.

« L'extérieur des artistes dramatiques, a dit Geoffroy, le critique dramatique, c'est une partie considérable de l'art du comédien ; la figure, la taille, l'âge, la voix ne sont point des qualités indifférentes. »

Leurs défauts naturels sont soumis à la critique, puisqu'ils contractent l'obligation de plaire, et font acheter la vue de leurs personnes.

« Ce n'est pas sa faute, » dit-on d'un artiste qui s'est trompé. Mais, c'est toujours la faute d'un comédien de se charger d'un personnage qui ne lui convient pas... et de n'avoir pas les qualités essentielles de sa profession...

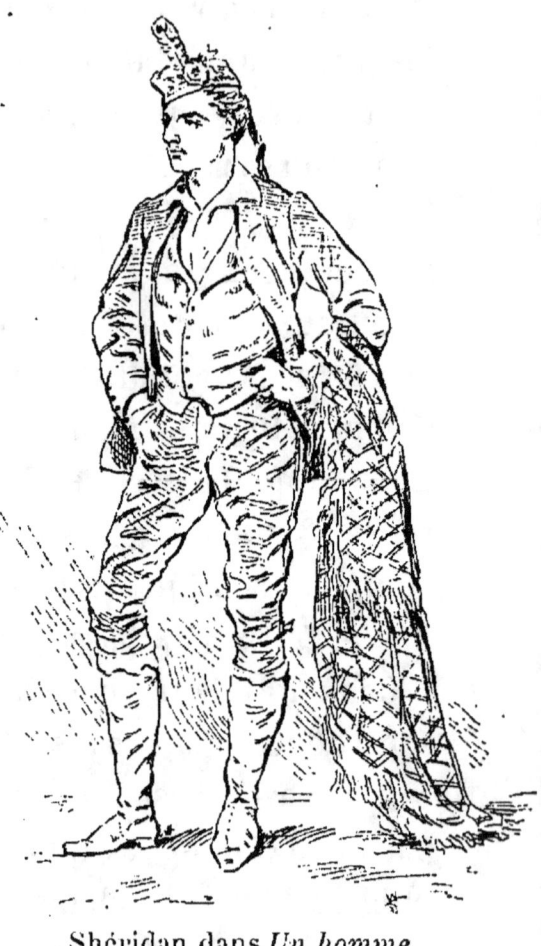

Shéridan dans *Un homme de rien*

Au *Mariage d'Olympe* succéda *Un homme de rien*, comédie en 4 actes de mon bien regretté ami Aylic Langlé, mort jeune encore, et dont les aptitudes, les connaissances étendues, l'éducation eussent fait dans l'avenir un excellent ministre des beaux-arts.

Cette pièce était une sorte d'histoire rapide, épisodique, de Richard Shéridan.

Le rôle était charmant, et la pièce, d'une donnée originale, eut un fort joli succès.

Enfin, cette seconde année se termina par la reprise des *Ressources de Quinola*, 5 actes de Balzac. Je jouais un Philippe II, personnage qui devait me servir un jour de début à la Comédie-Française.

Il arriva une chose assez amusante dans cette pièce. Félix, qui jouait Quinola, faisait son entrée dans le palais du sombre roi, au deuxième acte, vêtu de guenilles, mais, toujours, sa petite canne à la main ; le garde d'honneur de faction à la porte du roi, lui barrait le passage en lui disant :

— On ne passe pas !

— Je passe moi ! répondait Félix.

— Toi ! Qui donc es-tu ?

— Ambassadeur !

— Ambassadeur ? reprenait en souriant le garde, et de quel pays ?

— Du pays de misère ! et, en disant ces mots, Félix passait, appuyant son mot d'un petit coup sec de sa canne dont il frappait la hallebarde du serviteur royal.

Après l'acte, en remontant dans nos loges, je ne pus m'empêcher de dire à Félix :

— Ne fais pas ce que tu viens de faire, ne donne pas un coup de ta badine sur la hallebarde du garde, tu te ferais moquer de toi ?

— Et pourquoi cela ?

— Mais parce que ce garde, que joue Roger, est tout simplement un gentilhomme de la plus haute noblesse ; comprends donc que c'est un garde d'honneur, un Medina Celi peut-être, qui te passerait son arme au travers du corps si tu te permettais de frapper sa hallebarde d'une manière aussi irrévérencieuse.

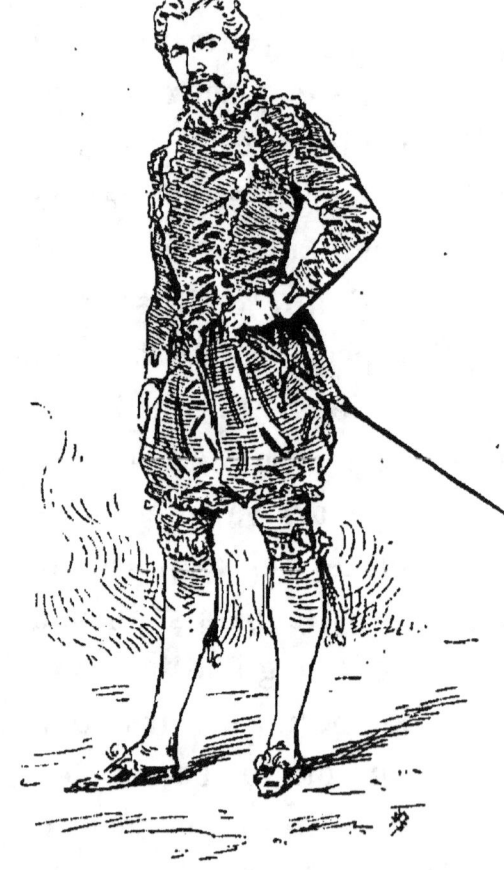

Philippe II dans *Les ressources de Quinola*.

— Qui ça ? repartit Félix, d'un ton de fureur des plus comiques, Roger, un garçon qui gagne 1200 francs ?

Je ne pus le convaincre. Heureusement que Medina Celi se montra bon prince et daigna supporter, sans sourciller, cette familiarité, à laquelle, je me hâte de le dire, le public ne sembla pas prendre garde.

TROISIÈME ANNÉE

Il s'opéra, à cette époque, un changement dans la direction du Vaudeville : Dormeuil, Benou et Duponchel cédèrent leur privilège à M. de Beaufort.

C'était un trio très curieux que celui qui allait disparaître.

Benou était l'homme d'affaires ; c'est lui qui discutait les traités avec les auteurs, les engagements avec les artistes, ayant, de plus, la direction et la surveillance des fonds de la société.

Duponchel, qui avait été directeur de l'Opéra, était chargé de la partie artistique, c'est-à-dire des costumes, des décors, meubles et accessoires. C'était un fort galant homme, d'une correction parfaite et d'un goût très éclairé.

Quant à celui que nous nommions tous le père Dormeuil, c'était un très aimable directeur, que nous respections et que nous aimions, mais, que notre amour des gamineries et des charges rendit quelquefois bien malheureux.

Comme M. Perrin, le père Dormeuil arrivait avec une ponctualité qui, pendant trois années, ne se ralentit jamais : à 11 heures et demie, il était à son cabinet, à midi en scène jusqu'à 5 heures, et le soir, soit dans sa loge ou sur la scène, jusqu'à 11 heures.

Il ne comprenait rien à cette mise en scène moderne, qui partie du Théâtre Historique en passant par le Gymnase, avait gagné toutes les scènes parisiennes.

Rien d'amusant comme son désespoir en nous voyant, dans les pièces nouvelles, nous asseoir à chaque instant.

Aussitôt que l'un de nous touchait une chaise :

« Là ! disait le père Dormeuil, en ébouriffant par un geste qui lui était familier, ses beaux cheveux blancs, là ! j'en étais sûr, encore un qui va s'étendre. Mais, mon Dieu, que cette génération est donc fatiguée ! Alors, vous ne pouvez pas rester une minute debout et devant le trou du souffleur, comme nous le faisions de mon temps ?

Nous voir jouer de dos était pour lui un nouveau supplice. Il avait horreur du drame ; aussi, dans *Nos intimes*, à la fin de la grande scène du troisième acte, il avait proposé à Sardou, au moment où j'entraînais Fargueil vers le canapé, d'ajouter un petit ensemble dans ce genre :

MAURICE

Pitié pour ma souffrance !
J'ai perdu la raison, etc...

FARGUEIL

Une telle insolence
Perdez-vous la raison, etc...

Sardou ne se rendit pas aux prières de Dormeuil. Dans ce succès de *Nos Intimes*, ce qui l'exaspérait c'était de savoir que le public des avant-scènes, qui venait toujours un peu tard, demandait au contrôle, en arrivant :

« Est-ce que la scène du viol est jouée ? »

Il avait été pensionnaire du Gymnase et longtemps le directeur et le camarade de Virginie Déjazet.

Un jour que la créatrice de Lauzun répétait un vaudeville dans lequel elle chantait un rondeau, Dormeuil, qui était assis à l'avant-scène, l'interrompit en lui disant un peu vivement...

— « Mais non, mais non, ma bonne petite, ce n'est pas ça du tout.

— « Ce n'est pas ça, fit Déjazet, d'un ton tranquille...

— « Non répondit Dormeuil... ce n'est pas ça... il faudrait chanter ça... »

Sans rien dire, Déjazet lui tendit le rôle copié, qu'elle tenait à la main.

Alors, Dormeuil consciencieusement se mit à chanter le rondeau, en essayant de donner à Déjazet les indications qu'il croyait utiles.

— « Eh bien ! fit Déjazet, qui l'avait laissé aller jusqu'au bout... si je chantais ce rondeau comme ça, mon pauvre ami, je m'appellerais Dormeuil et non pas Déjazet. »

Il lui arriva une histoire bien amusante, au papa Dormeuil, sous la présidence de Louis-Napoléon.

Pour distraire le prince, qui était en traitement à Plombières, on avait fait venir de Paris la troupe du Palais-Royal.

Dormeuil, très à cheval sur l'étiquette, avait réuni ses artistes dans son cabinet, leur faisant toutes sortes de recommandations, dans le cas où le Prince voudrait bien leur adresser la parole.

De plus, il leur demandait d'être en habit après le spectacle ; car, on avait prévenu Dormeuil qu'il pourrait bien arriver que le prince, après la représentation, se fît présenter les comédiens.

Dormeuil n'avait qu'une inquiétude : elle lui venait de Grassot, dont il connaissait les fantaisies ; aussi, ne fut-il qu'à demi rassuré, quand son pensionnaire lui répondit, avec cette voix auprès de laquelle celle de Baron est une musique céleste :

— « Pour la distinction du langage, sois tranquille, mon bon lapin ; quant à l'habit, je n'en ai pas.

— « Je te prêterai le mien, dit Dormeuil.

— « Il sera un peu ample, mon petit trognon ; mais, j'y ferai un pli...

— « As-tu une chemise de soirée avec jabot, manchettes ?

« — Enfant, répondit Grassot, bannis toute crainte puérile, je ne voyage jamais sans une lingerie destinée aux réceptions officielles... »

Le soir même, le spectacle terminé, les comédiens réunis dans un salon qui communiquait avec la loge du président, attendaient la venue du prince, qui avait manifesté le désir de les complimenter.

Dormeuil, dans sa tenue de gala, cravaté de blanc, avec sa belle tête bourbonnienne, avait tout à fait bon air ; ses artistes, corrects comme des notaires, étaient rangés derrière lui. Mais, le visage du bon directeur ordinairement si calme, si souriant, était, en ce moment, empreint d'une inquiétude très visible... Grassot n'était pas là... Si le prince le demandait, que répondre ?

Une portière se souleva... et le prince entra dans ce salon, où toute la petite troupe était réunie.

Louis-Napoléon, avec sa bonne grâce habituelle, trouva un mot aimable pour chacun des artistes... puis, se tournant vers Dormeuil, il lui dit :

— « Mais, je ne vois pas M. Grassot ?

— « Coucou ! le voilà, mon prince ! » dit une voix étrange.

Tout le monde se retourna, et Dormeuil faillit tomber à la renverse.

Grassot vêtu d'un habit, dans lequel il dansait, d'un pantalon trop long et trop large, dont chaque jambe était relevée, chaussé d'escarpins à boucles, le cou emprisonné dans une cravate immense, nouée sur une chemise de couleur, dont les dessins représentaient des motifs de chasse, Grassot s'avançait vers le prince avec un gracieux sourire, agitant, en guise d'éventail, un immense chapeau de paille.

« Je voulais vous faire mon compliment Monsieur Grassot, » dit le prince..., qui n'eut pas le temps d'achever sa phrase ; car, à ce moment, Dormeuil n'y tenant plus, s'était glissé derrière son fantastique pensionnaire ; d'un brusque mouvement il avait enlevé, des mains de Grassot, l'étrange coiffure dont il s'était affublé, et l'avait jetée dehors ; c'est alors que Grassot, sans attendre la fin de la harangue présidentielle, s'était précipité à la poursuite de son chapeau, laissant là le prince et sa suite, et criant : Mon panama... Mon panama ! C'est pas des blagues à faire !

Le prince, n'y pouvant plus tenir, avait disparu à son tour...

Dormeuil seul était désespéré... et il fallut toute l'éloquence de M. de Persigny pour le persuader que, loin d'être mécontent, il y avait longtemps que le prince n'avait ri de si bon cœur.

Dormeuil avait horreur des frais de costumes, qu'il croyait inutiles. Dans les *Ivresses*, j'avais obtenu que l'administration paierait un costume de cheval, que je portais à mon entrée, au premier acte.

Il me manquait des gants... j'en fis l'observation, après la répétition générale, à M. Dormeuil.

« Pas de gants, mon ami, pas de gants, me dit-il; je viens de voir la scène; c'est un homme qui a la fièvre... et il est dans un tel état nerveux qu'il a jeté ses gants avant d'entrer. »

Rien à répondre!

Pauvre cher papa Dormeuil, qui avez été si indulgent pour toutes mes fantaisies et qui, plus tard, alors que je venais de débuter à la Comédie-Française, vous intéressiez encore à cet avenir pour lequel vous aviez déjà fait beaucoup, soyez assuré que je garde des années passées sous votre direction un bon et fidèle souvenir.

M. de Beaufort songeait à reprendre *le Roman d'un Jeune homme pauvre*, d'Octave Feuillet.

Il y avait là pour moi, pensait-il, une belle soirée; mais, l'héritage de Lafontaine me paraissait bien lourd, si lourd, que je mis tout en œuvre pour éviter une comparaison qui, je le craignais fort, ne serait pas à mon avantage.

M. de Beaufort insistait si vivement que par l'entremise de mon ami Bonvin, qui était très lié avec Feuillet, je fis écrire à ce dernier, le suppliant de ne pas m'exposer à une chute certaine.

De la correspondance qui s'établit entre nous, j'ai conservé les deux lettres suivantes, qui valent la peine d'être placées sous les yeux du lecteur :

« Mon cher ami ,

« J'ai écrit à Feuillet, selon ton désir, pour lui dire que tu n'étais pas l'homme de sa pièce... que la nature de ton talent, etc...

« Feuillet va trouver que je me mêle de ce qui ne me regarde pas : il aura raison ; et tout cela finira par quoi ?

« Par une belle et bonne reprise du *Roman d'un jeune homme pauvre*, dans laquelle tu auras un grand succès ; enfin... j'ai fait ce que tu as voulu...

« Quant à ma santé, j'ai la poitrine sur le gril pendant tout le temps de mes digestions. Je ne sais comment faire pour traiter cela, ayant très peur des médecins et des médicaments, qui m'empêcheraient alors tout à fait de travailler.

« C'est déjà si difficile de travailler dans certaines dispositions d'esprit.

« Tiens ! hier, c'était un jour anniversaire de son *abandon :* on ne se remet pas de ces blessures-là.

« Quand revient le même temps gris, que l'âtre s'allume et qu'on n'est *qu'un* à la cheminée, où l'on veillait *deux*, rien, aucune distraction, aucune tentation de plaisir, ou même de travail, ne peut empêcher d'avoir la gorge serrée et les yeux mouillés comme je les ai en ce moment.

« Voilà pourquoi je n'ai pas été au dîner du Vaudeville. Tu es injuste, n'ayant pas encore connu les grandes douleurs. Je souhaite, de tout cœur, que tu ne les connaisses jamais.

« Ne viens pas demain à Montrouge, c'est la fête ; mon traiteur ne sera pas *habitable*. — Viens à Sèvres, chez Renard, manger la soupe aux choux.

« Il y aura, au besoin, un matelas pour toi ; apporte Cadol, ou de ses nouvelles.

« Ne craignez pas de me trouver aussi ennuyeux que par le passé. Je cherche à prendre le dessus, et je ne sais vraiment pas, en y réfléchissant, si je n'aime pas mieux la situation qui m'est faite que celle que l'on me faisait.

« Ça ne fait rien, tout cela, va... Je t'aime bien tout de même.

« F. Bonvin. »

Saint-Lô, 64.

« Monsieur,

« La reprise du *Roman d'un jeune homme pauvre* m'a été demandée comme un service. — Il y a là une excellente occasion de vous produire avec succès, je l'espère, dans un beau rôle, et, c'est sans doute cette raison qui a déterminé votre directeur à remettre à la scène cet ouvrage.

« Je voudrais bien établir combien je suis désintéressé dans la question, pour vous disposer à accueillir, avec plus de confiance, les conseils que vous voulez bien me demander.

« Votre lettre est d'un galant homme et d'un artiste sérieux ; permettez-moi de répondre à l'un et à l'autre ; au premier je dirai :

« Comment voulez-vous qu'une direction théâtrale vive, si elle ne peut utiliser ses premiers artistes dans les rôles de leur emploi : ses meilleures combinaisons viendraient échouer, chaque jour, contre des refus de concours inattendus, et les auteurs ne pourraient plus travailler pour elle avec confiance et sécurité. Je vais vous en donner immédiatement la preuve : c'est que moi, qui suis à demi engagé avec le Vaudeville pour une pièce d'hiver, je me dégagerais demain, si je n'étais pas assuré de pouvoir compter sur votre talent, dans un rôle de votre emploi.

« Maintenant, laissez-moi parler à l'artiste sérieux et convaincu, mais un peu nerveux, que votre lettre me révèle. Les raisons, que vous me donnez, pour ne pas jouer *le jeune homme pauvre*, ne sont pas bonnes. Lafontaine a du talent et a bien joué ce rôle : c'est vrai ; mais, on peut lui succéder sans tomber fatalement dans le plagiat ; croyez-moi, monsieur, ne soyez pas avare de vos efforts ; il est ennuyeux, sans doute, de dépenser beaucoup d'étude et de peine pour jouer un vieux rôle dans une reprise ; mais, un artiste épris de son art et soucieux de l'avenir, comme vous, doit accepter et même rechercher ces études comme une sorte de gymnastique, dont il sort plus maître de lui et de sa force.

« Je vous ai vu dans *le Mariage d'Olympe*, où vous aviez une gravité sombre et douloureuse ; vous me paraissez, en ce moment, un peu découragé, nerveux et maladif : et cela est encore d'un artiste ; mais, vous voyez trop en noir ! Dans ces heures-là, il suffit quelquefois d'une parole, en laquelle on a confiance, pour changer l'horizon et rendre le courage. Je voudrais avoir sur vous cette influence. J'aime beaucoup votre talent et le crois plein d'avenir ; mais, il faut combattre. Pour moi, je suis heureux de vous prouver mon estime, et je n'y aurai pas de mérite, étant sûr d'y trouver mon avantage. Veuillez dire à Bonvin que j'ai répondu à sa lettre et à la vôtre.

« Recevez, monsieur, etc.
« O. Feuillet. »

Alors, à bout d'arguments, j'eus recours à un dernier moyen, pour mettre toute ma responsabilité à l'abri.

Je demandai à M. de Beaufort de m'envoyer du papier timbré, ce qu'il fit d'ailleurs le plus galamment du monde; et enfin, après un mois de répétitions laborieuses, je jouai ce beau rôle de *Maxime Odiot*.

Le soir de ma première représentation, comme j'étais dans ma loge, en train de procéder aux derniers apprêts de ma toilette, Lafontaine entra; il venait me serrer la main, me donner du courage et me prédire un succès.

C'était d'autant plus aimable que *le Roman d'un jeune homme pauvre* et *Dalila* avaient été, pour ce grand artiste, deux triomphes aussi indiscutables qu'indiscutés.

Il me fit, en riant, le bilan de ma soirée. « Tu as dû trouver des détails charmants, que je pressens; tu dois avoir composé un costume misérable, des plus intéressants, des plus fouillés; avec l'acte du jardin et la scène de la découverte des papiers — voilà les étapes de ton succès; — mais, dans l'acte de la Tour, je dois reprendre l'avantage; il y a là un coup de panache qui, fatalement, doit te manquer, étant d'une école, où vous êtes plus préoccupés de réalisme que de romantisme ! Est-ce vrai ? »

C'était vrai; il avait bien raison, mon grand et illustre camarade.

Dans cet acte de la Tour, où il était superbe, il pouvait déployer, tout à l'aise, ses qualités d'emportement et de passion.

Sa voix en dedans, mais, si chaude, ses longs cheveux, tout le servait à souhait.

Car Lafontaine, bien que jeune encore, était le continuateur d'une époque, où le fatalisme ne risquait pas de faire sourire, de celle, où l'accoutrement plus que bizarre des héros dramatiques les servait si bien dans l'expression de leurs sentiments.

Tandis que j'arrivais, moi, à un moment où, ayant à exprimer une tout aussi ardente passion, je n'avais pas le secours du plus petit aspect romantique — et, cependant, il me fallait faire accepter par le public un personnage sombre, fatal, mais, en le modernisant sans *le vieillir*, et en lui conservant, surtout, une tenue aussi correcte que celle des plus élégants spectateurs.

Je rentrai, ce soir-là, bien heureux; mais, quelle peur ! Je n'avais pu prendre aucune nourriture depuis la veille; aussi, étais-je dans des conditions de vérité absolue pour jouer, au premier acte, la scène, où Maxime Odiot éprouve les cruelles souffrances de la faim.

Quelques jours après, à quelqu'un qui lui demandait quel artiste il préférait de Lafontaine ou de moi, dans *le Roman d'un jeune homme pauvre :*

« Vous m'embarrassez beaucoup, » répondit Feuillet. Et comme la personne insistait :

« Eh bien, répondit l'auteur de *Monsieur de Camors*, Lafontaine jouait très bien son rôle, et Febvre me joue très bien le mien.

(Feuillet était de Saint-Lô.)

J'ai dit que Lafontaine était un romantique; cependant, dans *le Jeune homme pauvre*, il faisait taire ses préférences pour faire une petite incursion dans le domaine du réalisme.

On m'a conté qu'après l'acte de la Tour, où Maxime se jette par une fenêtre pour ne pas rester enfermé avec la jeune fille, qui l'accuse d'avoir préparé cette rencontre, ce guet-apens, les deux artistes étaient, chaque soir, rappelés par un public enthousiaste.

Lafontaine, pour bien laisser le spectateur en situation et sous le coup de l'émotion, que lui procurait l'effroyable chute faite par Maxime Odiot, Lafontaine, dis-je, reparaissait avec une tache de sang qui coulait de son front, pour venir saluer ses admirateurs.

Je sais bien que l'on pourrait objecter que le public rappelle les artistes et non les personnages qu'ils représentent, et que cette préoccupation du comédien de ne pas abandonner, même pendant les entr'actes, le rôle qu'il joue, peut paraître un peu excessive — attendu que, généralement, ceux des artistes qui suivent cette mode fâcheuse, restent immobiles, pendant que le public les applaudit, se dispensant ainsi de la politesse la plus élémentaire, qui veut que le comédien salue le public qui vient de lui donner une preuve de l'estime qu'il professe pour son talent.

Et, puisque je parle des rappels, un fait curieux à ce sujet : Le 9 avril 1790, un vieil acteur de l'Opéra-Comique venait de jouer Gessler de *Guillaume Tell*, de Sedaine et Grétry ; comme il ne revenait pas assez vite, le public, après avoir fait grand tapage, déchira le rideau d'avant-scène.

C'est une manifestation qu'on ne voit plus se renouveler pour bien des raisons.

Quelque temps après ce qui précède, la direction me chargea d'une mission délicate : il me fallait partir de suite pour Nohant, afin d'obtenir de

Mme G. Sand l'autorisation de mettre à la scène *le Drac,* pièce fantastique, en 3 actes, qu'elle venait de faire paraître dans la *Revue des Deux-Mondes.*

Cadol, qui se trouvait à Nohant, devait m'être d'un utile secours, étant des amis du célèbre romancier.

Je partis donc, muni d'une lettre d'introduction pour l'auteur de Mauprat.

J'arrivai le matin à Chateauroux et pus prendre la correspondance qui conduit à la Châtre, en passant devant le château de Nohant, où la diligence me débarqua, à 5 heures du soir.

Ma valise et mon léger bagage avaient été déposés par le conducteur à une petite porte du château, où je sonnai assez longtemps, avant qu'on vînt m'ouvrir.

Cependant, la porte s'entre-bâilla et une Berrichonne assez jolie, mais d'une pâleur maladive, parut sur le seuil et me demanda ce que je désirais.

— « J'arrive de Paris et je suis porteur d'une lettre pour Mme Sand, à laquelle je suis annoncé par le directeur du théâtre du Vaudeville.

— « Votre nom, Monsieur ? »

Je me nommai.

— « Veuillez entrer ici, Monsieur, et attendre un instant ; je vais prévenir M. Manceau. »

En disant ces mots, la servante me fit pénétrer dans une vaste cuisine.

Aux murs, une armée de casseroles, dont les cuivres brillants jetaient des lueurs fauves et rougeâtres.

Une moitié de tronc d'arbre brûlait dans une large cheminée, éclairant à demi une allée et venue de serviteurs, faisant tous leur besogne sans prononcer un mot, mais jetant à la dérobée, de mon côté, des regards curieux sur ce nouveau venu... Oh! je paraissais les bien intriguer.

Un léger bruit me fit tourner la tête, et, à la lueur des énormes tisons, apparut un homme d'une cinquantaine d'années, de petite taille, les cheveux grisonnants, l'œil d'une expression inquiète, et presque dure, la moustache en brosse; il s'approcha lentement de moi avec des regards de douanier et jeta sa cigarette, après avoir fait de ma personne une rapide, mais minutieuse inspection.

Les saluts échangés, il se nomma. Je lui tendis la lettre qui m'accréditait près de Mme Sand.

« Si vous le voulez bien, Monsieur, me dit-il, je vais vous faire conduire à votre chambre. On dîne à 7 heures; vous aurez encore le temps de vous reposer et de vous défaire de toute cette poussière dont on est accablé dans la diligence. En deux mots, voici les habitudes de la maison : le matin, on déjeune à 11 heures ; comme tenue, ce que l'on veut, une blouse, un veston : on est libre ; il n'y a que pour le dîner que l'on s'habille. »

Tout cela était dit sur une sorte de ton de commandement, qui me fit comprendre de suite que c'était bien là ce *Manceau*, dont on m'avait fait le portrait avant mon départ de Paris : un artiste graveur de talent, une sorte de factotum, d'intendant, de secrétaire particulier, de maître Jacques, tenant les clefs de toute la maison, et qui, par sa grande influence sur Mme Sand, pouvait décider de l'échec ou du succès de mon ambassade; avoir Manceau contre soi, autant valait remonter en voiture et rentrer à Paris.

« — Marie! dit Manceau, en lui désignant mes bagages, prenez donc avec vous Silvain et portez tout cela dans la chambre qui est voisine de celle de M. Cadol.

« — Suivez cette fille, Monsieur, ajouta Manceau, en se tournant vers moi ; il est 5 heures et demie, vous avez une heure et demie devant vous. Je vais remettre cette lettre à Mme Sand, que vous verrez à dîner. A tout à l'heure, Monsieur... Ah ! un dernier détail : bien que fumant elle-même, Mme Sand ne peut supporter l'odeur du cigare. »

Je suivis les deux domestiques ; nous traversâmes de longs corridors, et, arrivé au deuxième étage,

Marie ouvrit la porte d'une chambre claire et simplement meublée, en me disant : « Vous voilà chez vous, Monsieur ; on va vous monter tout ce qu'il vous faut pour votre toilette.

« — Est-ce que M. Cadol n'est pas ici ?

« — Il est à la Chatre avec Madame, ils ne peuvent tarder à rentrer ; on préviendra M. Cadol de votre arrivée ; d'ailleurs, sa chambre est porte à porte avec la vôtre. »

Comme j'achevais ma toilette, Cadol entra chez moi. Après une foule de demandes et de réponses :
— « Ecoute-moi bien, me dit mon ami, tu viens en ambassadeur chercher une pièce de Mme Sand ; il faut être très prudent si tu veux réussir ; car, tu vas avoir à lutter contre une foule de difficultés, que je prévois. Pour te mettre en garde, il faut que je te fasse une rapide esquisse de la maison et de ses hôtes.

« Tu te souviens que dans les vieilles comédies, au premier acte, le jeune M. de Valsain ou de Sénanges débarque chez sa tante, et qu'en arrivant au château, il interroge Frontin :

« Dis-moi, Frontin, qui est, en ce moment, en villégiature chez ma bonne tante la Chanoinesse ? »

Ce à quoi Frontin répondait, en faisant un portrait de tous les personnages qui allaient défiler sous les yeux du public :

« Nous avons, en ce moment, Mme de Saint-Ange, cette jeune coquette dont le veuvage, etc...

« Tu es Valsain ou Sénanges, moi Frontin ; je commence : « nous avons :

« Mme Sand, excellente femme, un cœur d'or, très simple, très timide surtout ; elle commence le récit d'une aventure, puis, lorsqu'elle a provoqué le silence par le charme de sa parole... s'apercevant qu'on l'écoute attentivement... se trouble... et balbutie. Inutile de faire de l'esprit, surtout des mots, elle ne les comprend pas ; elle te le dira elle-même. En dehors de son travail, la cigarette, la pêche, les réussites de cartes, voilà les distractions de cette femme de génie ; mais, son plus grand plaisir sont les Marionnettes. Son fils Maurice brosse de petits décors exquis. Manceau habille les poupées. Je fais des scénarios ; si on te donne ce spectacle, cela est curieux : tu verras. Mme Sand s'amuse comme une enfant à des farces, où le comique le plus gaulois est de mise, tandis que se trouve proscrit, avec soin, toute plaisanterie cachant un sens égrillard. »

« Libre penseuse, mais tolérante, un peu défiante et très réservée, dès qu'il y a au château un nouveau visage, voilà les principales lignes de cette rapide esquisse. A toi de lui plaire et de sortir vainqueur d'un combat.

« Dont le *Drac* est le prix ! »

« Nous avons encore, continua Frontin-Cadol, Manceau, un artiste de talent ; je n'ai rien à te dire à son sujet ; observe, écoute avec attention, et tu sauras ce que tu veux savoir... mais retiens bien ceci : c'est lui, surtout, à qui il faut que tu plaises, si tu veux réussir. Quant aux autres habitants du château, ils te sont connus : le prince Napoléon, Marchal, Lambert, tous gens d'esprit ; leur langue est du chinois pour Mme Sand... Mais, on vient de sonner le dîner, descendons au salon, afin que je te présente à la patronne, avant qu'on se mette à table. »

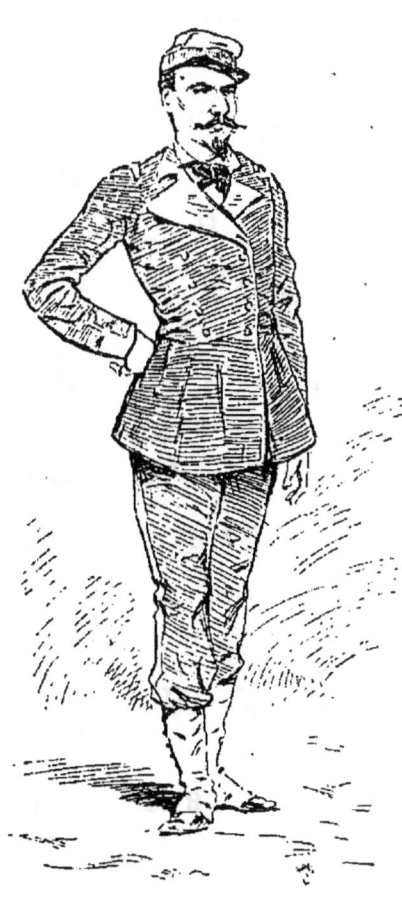

Bernard dans *Le Drac*.

C'était une vaste pièce donnant sur le parc et communiquant avec une salle à manger de belles proportions.

Aux murs du salon, plusieurs portraits de famille ; mais, mon œil fut attiré tout de suite par une magnifique toile représentant le maréchal de

Saxe, dont Mme Sand était une petite fille, si j'ai bonne mémoire.

A mon avis, c'est surtout dans les yeux que se trouve la ressemblance entre l'illustre romancier et l'ami d'Adrienne Lecouvreur.

Nous étions là, depuis quelques minutes, quand la porte s'ouvrit, donnant passage à une petite femme rondelette, qui paraissait plutôt glisser que marcher... C'était Mme Sand; elle vint de suite à moi, la main tendue.

Cadol me présenta ; j'étais très surpris, je l'avoue. Cette apparition me causait une grosse désillusion... Je m'étais figuré l'auteur de *François le Champi* tout autre... et ce n'est que, lorsque je vis ses deux yeux fixés sur les miens, que je compris, à cette expression si profonde du regard, que j'étais en face de la femme dont Cadol venait de me faire un si curieux portrait.

« — C'est vous, monsieur, me dit-elle, qui avez pris la peine de m'apporter la lettre de votre directeur ; je suis heureuse de vous recevoir, nous causerons de l'affaire qui vous amène, demain ou après; car, je suppose que vous me faites le plaisir de rester quelque temps avec nous. Je connaissais votre talent et Cadol m'a dit beaucoup de bien de votre personne. »

Je m'inclinai respectueusement, sans rien répondre; car, je l'avoue, j'étais très ému, et sous le regard de Manceau, qui était entré dans le salon, sans que je m'en fusse aperçu, j'offris mon bras à la châtelaine de Nohant.

Elle me fit asseoir à sa gauche, la droite étant occupée par le prince Napoléon, auquel je fus présenté avant de prendre place.

Les autres convives se placèrent dans l'ordre qu'ils choisirent eux-mêmes.

Dès le début, le repas fut silencieux ; la présence d'un étranger jetait évidemment un certain froid.

Puis, la conversation s'échauffa et roula sur la politique et la religion... Je dois dire que j'entendis là, des choses bien extraordinaires.

Marchal tirait en pure perte deux feux d'artifice de mots à la Dumas; Cadol avait raison : Mme Sand, parfaitement insensible, semblait ne pas comprendre.

Enfin, le repas terminé, on passa au salon pour prendre le café.

Aussitôt, Manceau vint placer devant la maîtresse de la maison, une sorte de petit vase contenant des cigarettes ; puis, il prépara un bol rempli d'eau, destiné à recevoir celles dont Mme Sand ne fumait que la moitié.

Après quelques bouffées, elle prit immédiatement

ses cartes et commença une suite de patiences et de réussites interminables, pendant que le prince Napoléon reprenait avec Marchal, à l'autre bout de la table, une partie de dominos commencée la veille.

« — Et mes deux sous ? disait le peintre au cousin de Napoléon III, quand me les paierez-vous ?

« — Je n'ai pas de monnaie ! répondait en riant le prince.

« — Oui, oui, je la connais, — répliquait Marchal, — présentez-vous au Palais-Royal, à votre retour à Paris, et vous toucherez vos deux sous ; non, je veux mes deux sous, ou je ne joue plus.

« — Manceau, se contentait de répondre le prince, prêtez-moi deux sous, je vous en prie !

« — Prêtez-les-lui, Manceau, et vous serez décoré ! »

Pendant ce colloque, j'étais moi près de Mme Sand, suivant ou paraissant suivre, avec une attention soutenue, le résultat de ses questions au destin.

Je n'osais prononcer un mot... et, cependant, je sentais qu'il eût fallu parler, préparer le terrain... mais, que dire?... une inspiration me tira d'embarras...

« — Connaissez-vous, madame, la réussite de Marie-Antoinette ?

« — Non, dit vivement Mme Sand, avec une inflexion de voix, où se trahissait une certaine curiosité. La connaissez-vous, monsieur ?

« — Certes, madame. Il faut, en trois coups, que tous les cœurs soient sortis en se présentant sous le pouce qui tient les cartes; voulez-vous me permettre ?... En disant cela, je pris les cartes, la priant de penser quelque chose.

« — C'est fait, répondit-elle. »

Je commençai aussitôt ; la réussite se fit admirablement.

Manceau, qui avait suivi des yeux toute cette petite scène, s'approcha, demandant à Mme Sand s'il n'était pas indiscret de savoir ce qu'elle avait pensé.

« — Non, mon cher Manceau, ce n'est pas indiscret ; seulement, cela n'intéresse que monsieur et moi... répondit-elle, en souriant et en essayant, à son tour, le nouveau jeu que je venais d'être assez heureux pour lui indiquer. »

Je venais de gagner près de Mme Sand tout le terrain que je perdais du côté de Manceau.

Il se faisait tard, je demandai à prendre congé.

« A demain, monsieur ; nous causerons après déjeuner, dit-elle, pendant que je baisais la main qu'elle venait de me tendre. »

En me retrouvant avec Cadol, alors que tout reposait dans le château, j'appris que j'avais fait une excellente impression sur l'esprit de Mᵐᵉ Sand, et que je n'avais même pas déplu à Manceau, en un mot, que mes affaires étaient en bonne voie. Tout allait donc dépendre, maintenant, de l'entretien que je devais avoir avec l'auteur du *Drac*.

Le lendemain matin, après qu'on eut pris le café, et que chacun s'en fut allé de son côté; car, en dehors de l'heure des repas, la liberté la plus grande était accordée aux hôtes de Nohant, — Mᵐᵉ Sand et moi gagnâmes le fond du parc, où l'ombre des grands arbres donnait un peu de fraîcheur.

« — Ainsi, me dit-elle, vous voulez jouer le *Drac*; mais, c'est de la folie ! Ce n'est pas une pièce, c'est une petite débauche dans le domaine du fantastique; cela m'a amusée à écrire ; mais, cela ne passerait pas la rampe. Je ne sais si c'est de la littérature ; mais, à coup sûr, ce n'est pas du théâtre. »

Pour vaincre les scrupules de cet auteur si méfiant de lui-même, je fis valoir une foule de considérations artistiques. Je lui parlai d'une distribution hors ligne, de Jane Essler dans ce rôle du Drac; que sais-je encore !... de la mise en scène à laquelle j'avais songé déjà, des décors, de la musique de scène. A bout d'arguments, elle se leva, en me disant, avec une grande douceur :

« — Si vous le voulez bien, nous reprendrons cet entretien demain ; nous avons une pêche organisée par Cadol, puis une baignade tantôt. J'espère que vous êtes des nôtres.

« — Oui, madame, répondis-je ; j'ai trop peu de temps à passer ici pour perdre une heure du plaisir d'être près de vous... mais, pensez qu'on attend ma réponse à Paris, avec une bien légitime impatience.

« — Votre réponse, vous l'aurez demain ! »

Le jour suivant, Mme Sand ne parut pas au déjeuner. Le soir, comme nous lui demandions si elle avait été souffrante :

« — Souffrante non, répondit-elle ; mais, très énervée par un petit bouton que j'ai dans l'oreille.

« — Vous aurez entendu quelque chose de sale, » répondit Lambert, le Velasquez des chats.

Après dîner, au moment de prendre congé, Mme Sand me fit signe d'attendre qu'elle eut achevé une réussite commencée. Je m'approchai : c'était celle de Marie-Antoinette.

Tout à coup, elle se tourna vers moi, abandonnant ses cartes, et me dit :

« — Partez demain pour Paris ; je vous remettrai trois lettres, une pour mon homme d'affaires, une autre pour Paul Meurice, la troisième pour votre directeur, plus un traité, que vous voudrez bien me rapporter signé, et dont je vous donnerai lecture, avant votre départ. Revenez-nous, aussitôt votre mission accomplie. Nous arrêterons ensemble la distribution des rôles, la plantation des décors; il y a surtout plusieurs apparitions fantastiques sur lesquelles je serais bien aise d'avoir votre avis. »

« — Vous consentez donc ! » m'écriai-je avec joie !

Elle se tourna vers moi, et me montrant les trois derniers cœurs qu'elle venait de retourner dans l'ordre voulu :

« Il le faut bien, dit-elle, le destin a dit oui ! »

Le lendemain soir, possesseur du traité, qu'elle avait rédigé de sa propre main, et de mes trois lettres, je quittai Nohant.

Cadol vint me mettre en voiture.

« — Je suis bien heureux, lui dis-je ; car, j'emporte un beau rôle, une création dans une œuvre originale.

« — Reçois mes compliments, répondit Cadol ; mais, il faut que tu aies été bien adroit.

« — Bien adroit, mon cher Cadol, non ; mais, bien inspiré ; car, ce miracle a été fait par cette réussite de Marie-Antoinette, que j'ai eu la bonne fortune d'indiquer à Mme Sand, qui ne la connaissait pas. »

Quand je revins à Nohant, je rapportai le traité signé, annonçant à Mme Sand que Paul Meurice, selon son désir, mettait la pièce au point.

Il se passait, quelquefois, des scènes bien amusantes, quand nous apercevions des touristes anglais voulant absolument voir Mme Sand dans son jardin.

De la terrasse qui surplombait la route, quand les fils d'Albion étaient attentivement postés, guettant l'apparition du célèbre romancier, Lambert, Cadol ou moi, nous nous promenions gravement vêtus d'une vieille robe, d'un chapeau de femme, une énorme pipe à la bouche, les regardant prendre des notes.

Fiez-vous donc aux récits des voyageurs !

Quel souvenir charmant que celui conservé à ce petit château, où je vécus de si douces heures, où il me fut donné le plaisir de voir ces fameuses marionnettes de Maurice Sand, d'y collaborer avec l'auteur des *Inutiles*, d'écouter, le soir, parler cette femme de génie... Ah ! que tout cela est loin, mon cher Cadol ; une seule chose a survécu, heureusement, notre réelle et sincère affection.

Et voilà comment trois basses cartes valurent à la direction du Vaudeville l'honneur de monter le *Drac*, pièce en 3 actes de Mme G. Sand et P. Meurice, que nous jouâmes le 26 septembre 1864.

Le succès de cet ouvrage nous donna le temps de monter une pièce fort intéressante, *la Jeunesse de Mirabeau*, 4 actes d'Aylic Langlé et R. Deslandes.

C'était un rôle très lourd et dont la responsabilité se compliquait encore de l'aspect physique.

Les amours du célèbre tribun et de Sophie Monnier, tenant une large place dans la pièce d'Aylic Langlé et Deslandes, comment le public accepterait-il un amoureux d'un aspect presque repoussant, si je le faisais exact… et, il était impossible de tricher.

Je me fis faire un mannequin qui me donnait la grosseur voulue; remontant et élargissant mes épaules; quant à la tête, Giovanni, le célèbre perruquier, me fit un chef-d'œuvre d'exactitude; un ami commun me mit en relations avec le marquis de Mirabeau, qui eut l'obligeance de me prêter une très curieuse estampe du temps, d'un modèle assez grand pour que j'en puisse bien voir les détails.

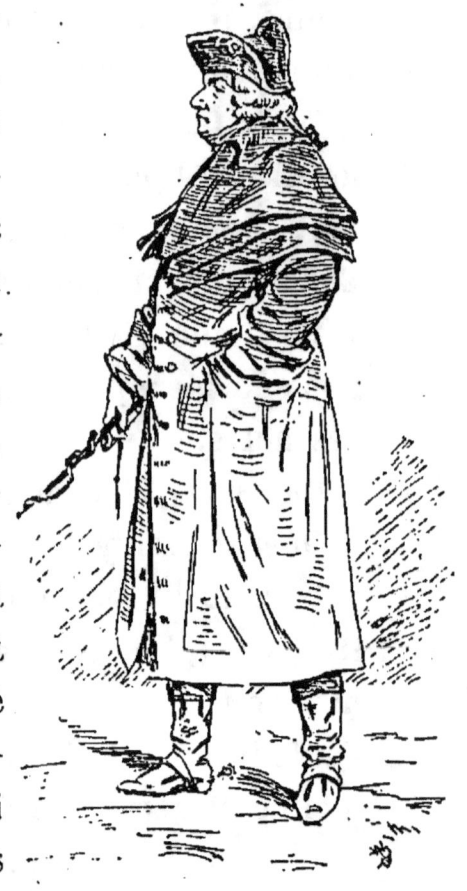

Mirabeau
dans *la Jeunesse de Mirabeau.*

Tout le bas du visage, à partir des ailes du nez, était couturé, presque arraché.

Pour guérir Mirabeau de la petite vérole, on n'avait, paraît-il, trouvé rien de mieux que de lui faire une application de chaux vive, ce qui avait déterminé ces rugueuses coutures, ces cicatrices profondes, formant de larges sillons, déprimant la bouche, par un violent déplacement de la lèvre inférieure.

Reproduire fidèlement cette laideur n'était pas sans hardiesse; s'il se fut agi d'une scène épisodique, où la politique fût seule en jeu, c'était élémentaire de faire exact; mais, encore une fois, sous un tel aspect, comment faire accepter la passion de Sophie pour le prisonnier du fort de Joux?

N'était-ce pas rompre, un peu violemment, avec les traditions du public, qui veut qu'au théâtre tous les rois soient grands, que tous les amoureux soient beaux et bien faits...

J'eus bien raison de ne pas tricher.

Dès l'entrée, la ressemblance fit sensation. Mirabeau, à sa première apparition, s'agenouille devant le buste de sa mère; se sentant toucher à l'épaule par Sophie, il se retourne vivement dans l'attitude rendue populaire par le plâtre et la gravure; mais, pour ne pas l'escompter, cet effet, que de combinaisons! Il fallait que Mirabeau entrât dans la nuit, enveloppé dans son manteau, qu'il déposait en passant, sans s'arrêter, sur un gigantesque fauteuil dont le dossier très élevé servait à le masquer; puis, de dos, rapidement il remontait au fond, passant devant le buste de son père, sans s'y arrêter ; arrivé devant l'autre buste, celui de sa mère, il s'agenouillait lentement, et ce n'est que, lorsque se sentant touché à l'épaule, il se retournait, que l'effet de la ressemblance se produisait dans tout son ensemble.

Avant le lever du rideau, il s'était passé, dans ma loge, une scène assez curieuse, et qui m'avait donné bon espoir.

Le marquis de Mirabeau était venu me demander de me présenter à une vieille parente, qui avait vu dans sa jeunesse le célèbre orateur.

J'y consentis, très heureux de pouvoir faire l'épreuve de ma ressemblance, et, comme Giovanni achevait de me poudrer, on me prévint de la visite annoncée ; je demandai cinq minutes avant de me montrer.

Après un dernier coup d'œil jeté sur la gravure placée au-dessus de ma glace, et que j'avais reproduite le plus exactement possible, me grimant à l'aide de couleurs à l'huile, au moment, où le marquis introduisait sa parente, je laissai tomber le peignoir qui recouvrait mon costume, et me tournant vers cette dame, je lui dis :

« Est-ce bien ainsi, madame ? »

La pauvre femme recula d'un pas, en s'appuyant sur le bras de son interlocuteur ; elle resta quelques secondes sans proférer un seul mot ; puis, lentement, elle vint à moi, en disant à mi-voix : « C'est effrayant ; vous ne pouvez vous imaginer, monsieur, ce que peut causer d'émotion la vue d'un être qu'on a connu, qu'on sait mort depuis de longues années ; et, quand on le voit tout à coup se dresser devant soi, surtout quand cette vision s'agite, parle, revêtant une forme palpable, vivante... Je vous demande la permission de me remettre »... Et, pendant que je lui expliquais les moyens dont je m'étais servi pour arriver à ce résultat, je vis qu'elle me regardait attentivement, mais, sans paraître entendre ce que je lui disais.

La pièce, montée avec le plus grand soin, était jouée par Félix, Parade, Delannoy, Munié et Mme Fargueil, qui représentait la touchante figure de Sophie Monnier.

L'ouvrage, dont le titre, d'ailleurs, était attractif, fit de jolies recettes et me valut une presse des plus élogieuses.

La censure, à cette époque, était très sévère pour tous les ouvrages dramatiques qui mettaient en scène des personnages de la Révolution ; aussi, supprima-t-elle, sans pitié, une scène épisodique, très originale, très curieuse, au point de vue documentaire.

Dans le vaste salon du président Monnier, au lever du rideau, on assistait à une veillée provinciale ; sous les lampes allumées, les hommes causaient entre eux tout bas ; car, à cette époque, même chez soi, entouré de parents ou d'amis, on n'osait élever la voix.

Des femmes travaillaient silencieusement à des ouvrages de broderies ; 9 heures sonnaient à l'horloge du château de Joux ; alors, une de ces dames se levait pour prendre congé, donnant la main à un adorable baby, aux longues boucles blondes, aux yeux timides et rêveurs.

— « Vous vous retirez déjà, disait à l'heureuse mère Sophie Monnier !

« — Il le faut, répondait-elle ; il est tard déjà et cet enfant fait demain sa première communion.

« — Il est charmant, ajoutait Desgenettes, en prenant le petit chérubin sur ses genoux.

« — Et si doux, insistait la mère !

« — Comment vous appelez-vous, mon petit ami ? »

L'enfant levait les yeux sur Desgenettes, et avec une voix pleine de douceur, répondait en souriant :

« — Saint-Just, monsieur ! »

Il y avait là un effet que nous regrettions beaucoup. Mais, M. Planté avait des ordres ; inutile de discuter avec ce fonctionnaire qui, dans son zèle, voulait supprimer, dans un lever de rideau, les mots *Barbe de Capucin* (il s'agissait d'une simple salade).

Il estimait qu'il y avait là une sorte d'outrage à la religion, et proposa, en échange, tous les autres noms qui désignent *cet herbage* (comme il disait) ; tous ! mais, pas celui de *Barbe de Capucin;* ajoutant, avec une expression de tolérante bienveillance :

« A quoi bon blesser les convictions religieuses ! »

Pendant le cours de cette troisième année, je fus prêté, par la direction, au théâtre de la Gaîté, pour y créer le rôle de Bernard, dans la *Maison du Baigneur*, d'A. Maquet.

Nous jouâmes cette pièce plus de cent fois ; il y avait une belle distribution. Dumaine, Lacressonnière, J.-B. Deshayes, Alexandre, Lacroix, P. Clèves, Mmes Lia Félix, et Desmonts, J. Clarence tenaient les principaux rôles.

Pendant ce temps, Sardou avait demandé, pour jouer au Vaudeville, dans sa pièce des *Diables Noirs*, l'engagement de Laferrière.

Mais, à une des répétitions, une difficulté s'éleva entre l'auteur et le comédien ; et, Laferrière, qui, dans un mouvement un peu vif, avait rendu son rôle, vit avec un profond chagrin, cette création lui échapper et passer aux mains de Berton père.

Et pendant que, d'un côté, je jouais avec des artistes dont les habitudes, les traditions n'étaient pas celles du Vaudeville, Berton père, lui, quittait les théâtres de drame pour venir jouer, place de la

Bourse, une œuvre écrite pour un autre interprète, avec une troupe de comédiens qui, pour la première fois, allaient lui donner la réplique. Avec de tels procédés, comment faire des troupes d'ensemble !

Laferrière se désespérait à la pensée que ce serait Berton père, qui allait créer ces *Diables Noirs*, dans lesquels il eût été remarquable, au dire de ses camarades.

Comme nous causions de cela, un jour, à la répétition de *la Maison du Baigneur*, Maquet nous raconta, à propos de Berton père et de Fechter, un détail qui est tout un trait de caractère.

Dans *la Belle Gabrielle*, Espérance lit une lettre qui lui vient de sa mère, lettre qu'il porte toujours sur sa poitrine,

Fechter, lui, sortait la lettre de son pourpoint et, sans la déployer, sans y jeter un regard, il la disait de mémoire... c'était exquis de tendresse filiale.

Quand il reprit le rôle, Berton père la lisait avec cette science de diction incomparable... mais, ajoutait Maquet... il ne la savait pas !...

« Quel devait être, aux yeux du public, de ces deux fils, celui dont l'âme était la plus tendre ? »

Nous terminâmes cette année par la reprise de *Béatrix ou la Madone de l'art*, une vieille connaissance de l'Odéon ; mais, cette fois, je jouai le rôle du prince Frédéric, créé par un artiste de talent, Ribes, mort jeune encore, et qui avait été très remarqué dans *Misanthropie* et *Repentir*, de *Kotzebue*.

Mme Ristori, plus familiarisée avec notre langue, avait admirablement profité des conseils de son auteur, ce lecteur incomparable, ce maître diseur, aussi expert que le plus habile comédien : j'ai nommé M. Legouvé.

De plus, cette mise en scène française lui avait paru préférable aux hasards de l'improvisation ; aussi, eût-elle dans cette reprise un grand succès

QUATRIÈME ANNÉE

La saison s'ouvrit par une pièce nouvelle d'Octave Feuillet, *la Belle au bois dormant*. Si l'ouvrage n'eut pas tout le succès auquel il avait droit, il n'en faut accuser que la faiblesse d'une de ses interprètes, fort bien en cour, en ce moment, et dont le talent était loin d'être à la hauteur de la tâche quelle avait assumée.

La pièce, jouée le 17 février 1865, céda sa place sur l'affiche, le 25 mars suivant, à *Jean qui rit*, 4 actes de Paul Féval.

Et on ne flânait pas au Vaudeville, en l'an de grâce 1865.

La pièce n'ayant pas réussi, je me souviens que,

le soir de la dernière, c'est-à-dire un mois après la première représentation, Féval vint nous serrer la main, en nous disant :

« Mes enfants, vous pensez bien que je vais vous accompagner au cimetière. »

Et, quand il me voulut mettre un mot de dédicace sur la brochure, la plume ayant fait des taches d'encre sur la page, il écrivit :

« Le papier est aussi mauvais que la pièce. »

« Paul Féval. »

Encore un coup de collier à donner : il nous fallut monter, du 25 mars au 25 avril, *Monsieur de Saint-Bertrand*, 4 actes d'E. Feydeau.

C'était un vent de malchance, qui nous poursuivait : la donnée de la pièce était antipathique au public ; et, malgré le grand talent de l'auteur, la valeur littéraire de son ouvrage, nous ne pûmes riompher de la résistance des spectateurs.

J'eus la consolation de recevoir, le lendemain de la première représentation, le petit billet ci-dessous :

« Après ce rôle, mon cher enfant, vous pouvez hardiment vous attaquer à Richard d'Arlington. Je vous y prédis un succès, auquel je serais heureux d'assister.

« Frédérick Lemaitre. »

A mon retour de congé, j'entendis immédiatement la lecture des *Deux Sœurs*, drame en 3 actes d'Emile de Girardin, que nous jouâmes le 12 août 1865.

Mmes Fargueil, F. Cellier, MM. Félix, Berton père et moi, telle était la distribution choisie par le directeur de la presse.

Au cours des répétitions, Berton nous raconta un fait bien touchant. Son grand-père, l'illustre élève de Sacchini, avait gardé quinze jours dans sa mémoire l'ouverture de Montano et Stéphanie, faute d'argent pour acheter du papier de musique.

Un détail préoccupait surtout Girardin.

« J'ai remarqué, me disait-il, que dans toutes les pièces, où il y a un coup de pistolet final, il rate généralement le jour de la première. » (Il semblait prévoir ce qui s'est produit à la première de *Thermidor*, de Sardou.) Aussi, mon cher Febvre, si vous le voulez bien, nous irons chez Devisme, après la répétition, pour lui demander s'il ne serait pas possible d'avoir des capsules spéciales. »

Devisme promit tout ce que voulut le prudent auteur; mais, ne voulut rien garantir : « Il en est des capsules comme des allumettes; ce n'est que lorsqu'elles ont pris feu que l'on sait si elles sont bonnes, » répondait avec raison le remarquable armurier.

Il y avait au troisième acte des *Deux Sœurs* une scène fort dramatique, sur laquelle comptait beaucoup Girardin. J'y jouais un mari outragé, et disais à Berton père, qui était l'amant de ma femme :

« Voici deux pistolets, monsieur, choisissez ! Je prendrai l'autre, et lorsque cette pendule sonnera quatre heures, nous tirerons ensemble. »

Berton père refusait avec noblesse, naturellement, préférant mourir sans se défendre que tirer sur celui qu'il avait mortellement outragé.

Alors, au comble de la fureur, après avoir épuisé toutes les injures, je lui crachais à la face. Sans me répondre, mon patient adversaire se tournait de mon côté, se contentant de dire :

« Voici l'autre joue ! »

Je saisissais, alors, les pistolets et tirais à bout portant sur ce trop fidèle disciple de l'Evangile. Berton tombait ; de l'autre arme je me faisais sauter la cervelle ; tout cela devant Fargueil, cette épouse éternellement coupable — et le rideau se baissait sur ce singulier dénouement.

A la répétition générale, un des directeurs dont j'ai oublié le nom, eut un mot admirable.

Après le dernier acte, il était monté sur la scène, accompagné d'un monsieur, que nous ne connaissions pas :

« Ah ! mes enfants, nous dit-il en s'essuyant le

front, quelle scène, quel succès... Quand vous avez craché à la figure de Berton, je ne puis vous dire tout ce que j'ai éprouvé... Tenez, ajouta-t-il, en nous montrant l'inconnu, voilà monsieur, qui a un château près d'Evreux, eh bien ! cela lui a fait le même effet qu'à moi. »

Je dois dire que la première représentation fut loin d'être triste, pour le public, du moins ; on prenait gaiement les situations les plus dramatiques.

Girardin dans la coulisse, marchait à grands pas. « Ah ! la cabale est bien organisée, disait-il à tous ceux qu'il rencontrait sur la scène ; mais, je les attends à la dernière scène. »

Il m'avait déjà demandé plusieurs fois, dans la coulisse, si j'avais vu les pistolets, si j'avais bien reçu les capsules, qu'il m'avait envoyées, avant le commencement du spectacle, capsules miraculeuses garanties par Devismes, enfermées dans une petite boîte cachetée aux initiales E. G.

« Vous ne les mettrez qu'au dernier moment, me disait-il d'un ton mystérieux ; évitons le contact de l'air. »

« M. de Girardin vous demande, » vint-on me dire, au moment de commencer le troisième acte.

Je m'approchai de lui.

— Les capsules n'ont pas quitté votre loge ?

— Non, mon cher auteur.

— Personne n'y a touché ?

— C'est moi-même qui viens de les placer ; soyez donc sans crainte !

Enfin, arriva la fameuse scène, qui devait tout sauver ; les rires recommencèrent et quand je crachai au visage de Berton, un ah ! de dégoût se fit entendre dans la salle ; mais, tout cela n'était rien !

Quand Berton me tendit l'autre joue, oh ! alors, ce fut du délire, on se tordait.

Je ne sais pourquoi, mais, à ce moment, je pensais au monsieur qui a un château près d'Evreux.

Enfin, je tire sur mon odieux rival ; oh ! surprise ! le coup part et Berton tombe mort, au milieu d'une hilarité générale ; à mon tour !... l'arme fait son office et je tombe également : on s'esclaffait dans la salle.

Enfin le rideau tomba, la pièce aussi ; et ce fut au milieu d'un épouvantable charivari que Félix annonça le nom de l'auteur qui, après nous avoir serré la main, prit congé de nous, avec un empressement facile à concevoir.

La seconde représentation ne fut guère meilleure que la première.

Hélas ! la troisième nous réservait une surprise nouvelle.

Arrivé au troisième acte, je tire sur Berton ; comble d'horreur : le pistolet rate !

Berton, malgré cela, s'affaisse, comme il convient à un homme qui se dévoue jusqu'au bout.

Je saisis l'autre pistolet, je l'appuie sur ma tempe, je lâche la détente... rien ! le second coup rate comme le premier ; ainsi que Berton, victime platonique du devoir professionnel, je tombe de mon côté, le rideau de l'autre.

Quand je sortis de scène, j'entendis Girardin s'écrier, avec un accent de sincérité vraiment touchante :

« Allons, Devisme aussi est de la cabale ! »

Le lendemain, qui était le 15 août, on donna la pièce en matinée.

Girardin avait garni le parterre *des plus excellents travailleurs*, comme dit Figaro ; toute l'imprimerie du journal *la Presse* était là : rappels, ovations... On demanda l'auteur, qui reparut (ceci est absolument authentique) entre Félix et moi, et nous entendîmes cet homme d'esprit, complètement emballé, dire au public :

— « Ah ! mon peuple, je te reconnais ! »

Ai-je besoin d'ajouter que *les Deux Sœurs* n'eurent qu'un petit nombre de représentations.

Enfin l'année 1865 se termina par un des plus gros succès de cette époque :

La famille Benoîton, 4 actes de Sardou. Les rôles furent distribués à MM. Félix, Parade, Delannoy, Saint-Germain et moi, Mmes Fargueil, Alexis, Jane Essler, Pierson, Paurelle et une petite fille, chargée du rôle de fanfan Benoîton.

Les répétitions marchèrent avec rapidité. Sardou était partout ; il mettait en scène, réglait les décors, les meubles, les accessoires, indiquait aux artistes les jeux de scène ; ceux qui n'ont pas vu Sardou à l'œuvre ne peuvent se faire une idée de ce qu'il y a d'ingéniosité, d'adresse chez cet auteur, qui donnerait du talent au comédien le moins intelligent.

A un moment donné, Félix avait à dire :

« Mme Benoîton, en sortant, a renversé la marmite ! »

Quelle ne fut pas la surprise de Sardou, en entendant ce même Félix s'écrier à une répétition :

« — Ah çà ! quand donc répétera-t-on avec les accessoires ?

« — Mais, répliqua Sardou, il ne manque rien, ce me semble.

« — Et la marmite ? reprit Félix.

« — Quelle marmite ? répétait l'auteur de *Patrie*, d'un ton ahuri.

« — Comment, quelle marmite ? J'ai toujours

l'air de dire des bêtises; mais, celle que M*m*e* Benoiton a renversée en s'en allant. »

On juge de la tête de Sardou?

La pièce se joua plus de 200 fois; — pour ma part, j'y parus dans *deux cent soixante-sept représentations* consécutives. Ces longs succès ont un côté terrible : on arrive, à force de répéter les mêmes phrases, à en perdre, par instants, même le sens; il semble que la mémoire suffit. La satiété détruit l'esprit et le goût.

Il m'est arrivé quelquefois, au cours de ces représentations, pendant que j'achevais une tirade, de me demander si je ne l'avais pas déjà dite quelques instants avant.

Les artistes, chargés de la partie purement comique d'une pièce se lassent moins vite que ceux à qui incombe l'action dramatique.

Je ne sais qui a dit que, si pour jouer la comédie il faut de l'esprit, en revanche, pour jouer le drame, le tempérament suffit.

Il y a du vrai, l'esprit et la gaîté amènent le rire; il arrive même quelquefois que ce résultat s'obtient sans une trop grande mise de fonds. L'artiste se sentant en communication avec le public s'échauffe... et finit par se sentir en verve.

Dans le drame, c'est-à-dire dans l'expression de la passion, des sentiments violents, ce tempérament nécessaire, indispensable, on ne l'a pas toujours à sa disposition, et il serait imprudent à l'artiste de compter sur le public pour lui donner le mouvement, l'entraînement nécessaire ; car, il est de notoriété qu'il y a plus de spectateurs accessibles au rire qu'aux larmes.

Le comique le plus inexpérimenté peut encore se tirer d'affaire, cet emploi ne demandant pas tout ce que l'on exige chez l'amoureux, qui, s'il n'est pas un comédien de talent, s'il n'est pas élégant, d'une figure agréable, devient facilement antipathique au public.

On supporte avec patience le noviciat du premier; on empoigne avec joie le second.

Quand je pense que, pendant plus de cent soirées, j'ai voulu violer Fargueil, et toujours à la même heure! Pas cinq minutes avant, ni après : 10 h. 25 ! « Allons, c'est le moment de me rouler aux pieds de ma remarquable camarade, » me disais-je.

Une chose qui m'a toujours surpris (c'est peut-être naïf), mais, enfin, je me demande comment, avec un public qui se renouvelle chaque soir, dont les goûts, les tendances, les appétits ne peuvent être les mêmes, je me demande, dis-je, comment il se peut faire que les mêmes mots produisent le même effet... au même moment.

Cette famille Benoiton, l'avons-nous assez maudite !

Dans les dernières représentations, vers la 190e, un de nous allait s'informer timidement de la recette, espérant une baisse qui changerait l'affiche ; nous attendions le résultat de cette petite enquête, avec anxiété ; et, quand le messager revenait avec ces mots : « Toujours le maximum ! » il y avait un sentiment de découragement général. Cela ne finirait donc jamais ?

En serions-nous donc réduits à ce que le grand âge seul nous délivre de nos rôles !

Et le public arrivait toujours... Chaque soir on continuait à atteindre le maximum.

Dans toutes les rues adjacentes, à la sortie, on pouvait voir des tapissières, des omnibus venant de la campagne, des voitures de blanchisseurs, — tous ces véhicules amenant des fournées de spectateurs ; nous en étions à la banlieue, et nous nous demandions, avec effroi, si, après cela, la province ne ferait que précéder l'étranger.

Ajoutez que tout était à *la Benoiton :* toilettes, bijoux, coiffures.

Nos portraits en costumes encombraient les vitrines des papetiers et des photographes.

Il y eut même, à ce moment, chez un charcutier, dont le magasin était situé au coin de la rue de la Mare, à Belleville, le portrait de mon camarade Félix et le mien... tous deux en saindoux !

La voilà, la popularité... la voilà bien ! comme dit si drôlement ce grand comédien, qu'on nomme José Dupuis.

Depuis quelque temps, j'étais en affaires avec la Russie. Il s'agissait d'un très bel engagement à Saint-Pétersbourg.

On m'avait aussi parlé du Gymnase. Dumas fils avait eu la bonté de me donner une lettre de recommandation pour M. Montigny ; il avait pensé à moi pour créer *l'Ami des femmes;* mais, je ne plaisais qu'à demi à Mme Rose Chéri. Quant à son mari, il me proposait 12.000 francs ; mais, pas de feux, ni de congé. Comme je lui faisais observer que le Vaudeville, lui, m'offrait 22.000 francs, plus des feux et des congés :

« Oui, mais, c'est le Vaudeville, » m'avait répondu Montigny, d'un ton qui ne laissait aucun doute sur l'estime qu'il professait pour les théâtres qui n'étaient pas placés sous sa direction.

D'un autre côté, un soir déjà, j'avais reçu de Coquelin une petite lettre, à en-tête du Théâtre-Français, me donnant amicalement avis que Guillard devait venir m'entendre avec M. Thierry; que je me tienne bien, qu'il avait bon espoir. *Et à bien-*

tôt la Comédie-Française, me disait-il, en terminant.

Les choses en étaient là, quand on me remit un mot de M. Camille Doucet, me priant de venir le voir de suite.

« J'apprends que vous voulez aller en Russie. C'est une faute ; il faut rester en France, mon cher enfant, et entrer à la Comédie-Française. »

Stupéfait, je regardai le secrétaire général de la direction des théâtres.

« — Mais, monsieur Doucet, répondis-je très ému et très flatté, jamais je n'oserais entrer dans cette belle maison, que j'admire, croyez-le bien ; il faut avoir fait des études qui me manquent ; je n'y réussirai pas, et ce serait pour moi une grave dépréciation ; car, j'estime qu'il vaut mieux ne jamais y mettre les pieds que d'en sortir avant d'y avoir fait une longue et honorable carrière.

« Je vous réponds du succès, me disait M. Doucet, avec cette bienveillance à laquelle je dois tant ; allez voir M. Thierry, qui vous attend après-demain, à 5 heures ; vous causerez avec lui ; en le quittant, venez me dire ce que vous aurez fait. »

— J'eus beau insister, M. Doucet me donna de si belles et si bonnes raisons et fit luire à mes yeux un avenir si certain, que je le quittai aussi joyeux que surpris de la nouvelle voie, dans laquelle j'allais entrer.

Il me fallait régler ma situation avec l'administration du Vaudeville, qui attendait toujours ma réponse à ses propositions de renouvellement d'engagement. J'allai sans plus tarder faire ma visite à M. Thierry, administrateur général de la Comédie-Française, qui me reçut avec autant de courtoisie que de réserve.

Le résultat de notre entretien fut celui-ci. Il me proposait un engagement d'un an, à partir du 1ᵉʳ juillet 1866, aux appointements de 12.000 francs. Je ferais trois débuts, à mon choix. Au bout de cette année, si j'avais réussi, il me proposerait au comité d'administration pour le sociétariat.

En quittant M. Thierry, j'allai, de suite, chez M. Doucet et lui fit part des propositions qui m'étaient faites.

« Acceptez, me dit-il; dans un an, j'en suis sûr, vous serez sociétaire. »

Je fis part de la bonne fortune qui m'était offerte à la direction du Vaudeville, qui accepta de très bonne grâce la situation. M. Harmant, qui était administrateur de la société, me dit qu'il était trop mon ami pour ne pas approuver la détermination que j'avais prise; que, malgré le vide qu'allait causer mon départ, il me faisait tous ses compliments et ses meilleurs souhaits; que, d'ailleurs, cette nouvelle ne le surprenait qu'à demi, etc.

Je le remerciai vivement. Je suis heureux de pouvoir lui exprimer ici, de nouveau, les sentiments affectueux, que je lui ai conservés.

Au moment de signer mon engagement, M. Thierry me dit, avec beaucoup d'amabilité :

« Vous devez être absolument hors d'état de faire quoi que ce soit, après plus de 200 représentations de *Benoiton;* votre engagement court du 1er juillet, prenez un mois de congé et allez vous *désenbenoiter;* emportez votre premier rôle de début, sur lequel nous sommes d'accord et qui me paraît d'un choix heureux. Reposez-vous bien et revenez-nous en bonne santé, ajouta-t-il, en me tendant la plume. »

Après avoir reçu les félicitations de mes camarades, remercié M. Doucet, je partis pour le Béarn, emportant dans ma valise le rôle de Philippe II, du *Don Juan d'Autriche.*

Ah ! cette première journée en chemin de fer... quelle fête ! quelles joies d'écolier en vacances... Je me disais : ce soir, pas de vaudeville... pas de *Benoiton*... J'étais vraiment heureux, quand un monsieur, qui avait pris place dans mon compartiment, se penchant vers moi, me dit d'un petit ton malin :

« — Ce soir, M. Febvre ne jouera pas *Benoiton*... J'ai vu quatre fois la pièce... »

« — Et moi, 267 fois, » lui répondis-je, en lui tournant le dos.

Ma première excursion dans la montagne avait été un enchantement... mais, ce bonheur ne fut pas de longue durée... le guide, qui conduisait ma mule, frappait sur la pauvre bête, accompagnant chaque coup de trique d'un formidable : « Hue donc ! Benoiton ! »

Ah ! ce mois, qu'il fut court... et que j'avais grand besoin de repos. En cinq ans, je venais de créer, à ce théâtre de la place de la Bourse, du 5 juillet 1861 au 4 novembre 1865, 25 rôles, soit 116 actes interprétant 26 auteurs ; n'ayant eu, dans les trois premières années, que trois jours de repos... les trois vendredis saints...

Il était temps de songer au départ et de rentrer à Paris pour répéter ; — et, je l'avoue, plus d'une fois, sur mon parcours, je me suis demandé si tout cela était bien sérieux... et si, vraiment, j'appartenais bien à la Comédie-Française... à cette noble et chère maison, le seul théâtre, auquel je n'avais jamais osé songer !

TROISIÈME PARTIE

I

Le 23 août 1866 fut pour moi une journée d'émotions faciles à concevoir.

J'allais, pour la première fois, répéter sur cette redoutable scène de la rue Richelieu : le roi Philippe II, dans *Don Juan d'Autriche.*

Les principaux rôles avaient été confiés à MM. Delaunay, Monrose, Maubant, Mmes Favart et E. Dubois.

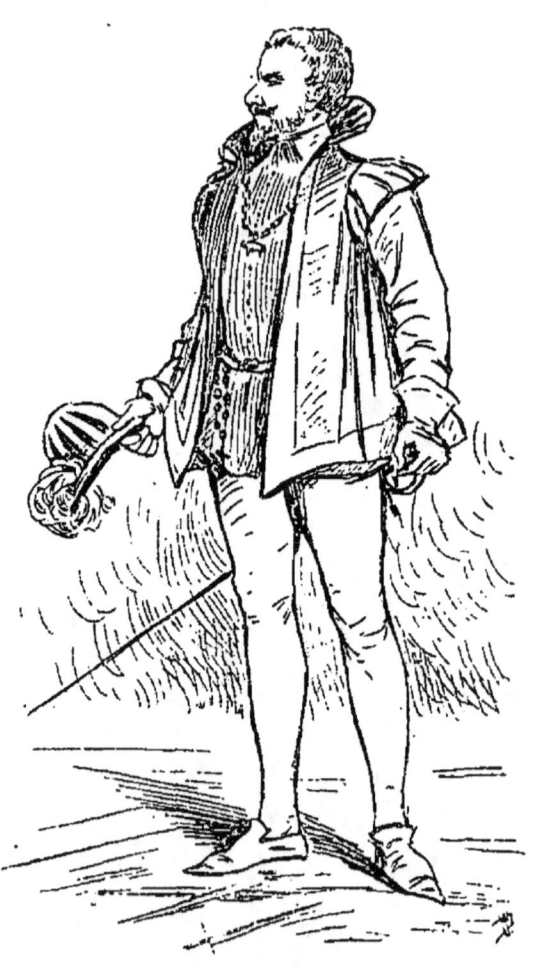

Philippe II
dans *Don Juan d'Autriche.*

Jamais je ne m'étais senti plus gauche, plus décontenancé que dans ce milieu d'artistes, où j'étais accueilli, avec cette sorte de réserve que l'on garde... comment dirais-je ?... avec un parvenu !

N'ayant pas eu l'avantage de faire mes études au Conservatoire, par lequel avaient, presque tous, passé ces Messieurs, il ne fallait pas me le dissimuler, j'étais bien un parvenu.

Si je dis presque tous, c'est que Bressant était entré, lui aussi, à la Comédie-Française, sans avoir fait d'études dans la maison d'enseignement du faubourg Poissonnière.

Dès les premiers mots, je restai frappé d'une chose, qui avait tout lieu de m'inquiéter.

Il me paraissait que je ne parlais pas la même langue que mes nouveaux camarades.

Outre ce manque d'harmonie dans la tonalité, la mise en scène, qu'on m'indiquait, me semblait d'une simplicité presque naïve.

J'essayai timidement une observation à ce sujet ; mais, je m'aperçus aussitôt qu'il fallait renoncer à tout espoir d'introduire le moindre changement aux habitudes prises, aux jeux de scène consacrés par le temps, dans une maison qui a toujours professé une sorte de dédain pour les théories de modernisme des théâtres de genre.

Je dois à la vérité d'ajouter qu'avec le temps, tout s'est bien modifié.

Cela dura cinq jours ; le sixième, j'allai trouver

M. Camille Doucet, non pour me plaindre, mais, pour lui annoncer que je renonçais à mes débuts; que je me sentais mal à l'aise dans cet aréopage... et que je le suppliais d'obtenir la résiliation de mon contrat, etc., etc...

« Vous êtes un enfant, me répondit le bon et excellent homme, qui connaissait cette maison sur le bout du doigt, c'est l'affaire de quelques jours. Souvenez-vous de votre entrée au collège, et des tribulations imposées *au nouveau*... Tout s'arrangera... opposez à cette réserve beaucoup de bonne humeur, de bonne volonté, de déférence... et tout ira bien. »

Je suivis son conseil et, le 15 septembre 1866, je parus pour la première fois dans ce rôle, où Geffroy avait laissé des souvenirs, qui rendaient ma tâche moins que facile.

— J'avais composé avec soin mon personnage. Je l'avais — comme a dit Sarcey — magnifiquement costumé... mais, ce n'était pas encore assez. J'avais bien rendu au sombre châtelain de l'Escurial son aspect extérieur (reproduction fidèle du portrait qui est au musée de Madrid), sa longue épée, où s'enroulait le chapelet monacal; j'avais respecté son allure inquiète, sa démarche lente, et tout cela avait été l'objet de recherches patientes et consciencieuses jusqu'au scrupule. J'avais même sollicité et obtenu de Geffroy, retiré à Nemours, la faveur d'une causerie sur ce rôle si compliqué. Oui... mais, tout cela ne me donnait pas le style de la maison, pas plus que neuf répétitions ne pouvaient me mettre à même de me familiariser avec l'acoustique de ce grand vaisseau.

Habitué à parler bas, cherchant à être naturel, j'avais encore, dans l'oreille et sous les yeux, les modestes proportions de la scène du Vaudeville de la place de la Bourse.

Quand le soir de ce terrible début arriva, il y avait près de dix heures que je n'avais pris d'aliments, et les deux dernières nuits, je n'avais pas fermé les yeux.

Dans la coulisse, je vois encore quelques-uns des artistes qui ne jouaient pas ce soir-là, se tenant sur la scène du côté opposé à mon entrée, et me regardant, avec la curiosité qu'éprouveraient une réunion de maîtres baigneurs, en voyant se mettre à l'eau un monsieur qui ne sait pas nager.

La gorge brûlante, le corps secoué par des mouvements de fièvre, n'entendant plus rien... j'en étais là, quand une voix, celle de l'avertisseur, me dit tout à coup :

— A vous, Monsieur !

Je fis quelques pas, et, je l'avoue, j'eus une envie

folle de feindre un malaise subit... de me trouver mal... et de faire baisser le rideau.

Il fallait nager, ou se laisser couler !

A ma première brassée, je veux dire à ma première réplique, je sentis que je parlais trop bas, et trop vite. Je fis un grand effort pour reprendre un peu d'assurance ; car, derrière ces lorgnettes braquées sur le débutant, il me semblait que j'avais dû communiquer ma peur à mes amis...

Enfin, le premier acte s'acheva ; et, comme on avait eu la bonté de m'encourager par un rappel, réconforté par les bonnes paroles de ceux qui venaient de la salle, je repris un peu d'assurance, dans l'entrevue de Philippe et de Don Juan ; mais, ce qui marcha le mieux, au dire de tous, ce fut la grande scène avec Mlle Favart.

Au moment où, pressée par le roi, Dona Florinde s'écrie : « Je suis Juive !... » j'avais imaginé ceci : avec un mouvement d'effroi, je me reculais épouvanté, et, saisissant dans mon ceinturon, le chapelet qui y était enroulé, je l'égrenais avec une sorte de fièvre, tout en murmurant une prière.

Après l'acte, j'eus l'honneur de reparaître, avec Mlle Favart et M. Delaunay.

C'était, en somme, une soirée aussi honorable que le pouvait souhaiter un comédien transplanté brusquement d'une scène de genre sur une scène classique, avec des maîtres pour partenaires. Mais, quelque bienveillante que se montra la presse, quelque sympathie que me témoigna le public, je sentis, ce soir-là, qu'il fallait m'armer de courage, travailler, travailler, d'autant plus, que c'était une éducation nouvelle qu'il me fallait acquérir, si je voulais, un jour, arriver à prendre place dans cette maison, où il est préférable de ne jamais entrer s'il faut en sortir, avant l'heure de la retraite.

14 novembre 1866.

Mon second début se fit dans *Par droit de Conquête*; rôle de Bernard. Puis, Bernard Stamply de *Mademoiselle de la Seiglière* me fut distribué.

Régnier, le créateur de Destournelles, abordait, de son côté, pour la première fois, le rôle du Marquis, créé par Samson. MM. Monrose, Prudhon. Mmes Favard et Nathalie, tels étaient les interprètes de cette reprise, qui eut lieu le 25 janvier 1867, après 13 répétitions.

Ce soir-là, j'avais, je crois, fait un grand pas. La glace était rompue !... Tous les artistes, charmants pour moi, avaient bien voulu m'aider de leurs précieux conseils.

M. Doucet avait de plus en plus raison... c'était une question de temps... D'ailleurs, j'ai compris depuis que, lorsqu'il s'agit de vivre quelque vingt ans ensemble, avant de se livrer, on s'observe, et que les relations amicales ne peuvent s'établir que sur certaines garanties.

Régnier, dans ce rôle du Marquis, n'eut pas tout le succès, auquel lui donnait le droit de prétendre son incontestable talent.

Ses allures *Tiers-Etat*, si bien de mise dans le personnage de Destournelles, étaient un obstacle à la grande tournure, que doit avoir M. de la Seiglière, qu'on s'obstine, sans raison, à jouer en vieux bonhomme caduc et nasillard.

Le marquis a une fille de vingt ans, il a de quarante-cinq à cinquante ans, tout au plus, il est robuste, ses forces physiques sont indiscutables, puisqu'au premier acte on lui amène un cheval qu'il faut *deux hommes pour tenir*.

Le roi, en le remettant en possession de sa fortune, de ses domaines, lui a rendu le moyen de se vêtir avec l'élégance, à laquelle il était accoutumée avant l'émigration.

Monrose était excellent dans le rôle de Destournelles; mais, à la suite d'une congestion, dont il fut frappé en scène, et qui ne lui permit pas d'achever la soirée, il dût céder, quelque temps après, son rôle à Coquelin aîné, qui, lui aussi, y eut un grand et légitime succès.

Mlle Favart, dans tout l'éclat de sa beauté, avait bien la grâce et la haute allure de ce noble personnage d'Hélène, que devait reprendre, un peu plus tard, Mlle Croizette.

Mais, si j'avais vu s'ouvrir devant moi les rangs un peu serrés des artistes, en revanche, il y avait une autre barrière à franchir..... et celle-ci présentait des obstacles aussi fâcheux, qu'inattendus ! Je parle des employés...

En 1866, un pensionnaire n'avait droit qu'à deux quinquets pour éclairer sa loge, tandis que les sociétaires jouissaient de deux ou trois lampes... ce n'est, assurément, qu'un détail ; mais, ce détail est gros de révélations.

Déjà, j'avais eu avec M. le *conservateur des accessoires*, une petite explication assez curieuse, pendant les répétitions de *Don Juan d'Autriche*.

Il était gai, ce fonctionnaire ; car, il partit d'un éclat de rire, quand je le priai de me donner du papier jaune — le papier blanc étant encore inconnu, à l'époque où se passe le drame de Casimir Delavigne.

« — Du papier jaune, fit-il, et de l'encre aussi, sans doute, de la vraie encre... comme au Vaudeville ?...

« — Mon Dieu, oui, répondis-je, avec humilité ; j'ai cette faiblesse de préférer tracer de véritables caractères, au lieu de faire un simulacre, qu'on peut parfaitement distinguer des loges d'avant-scène.

« — Moi, je veux bien ! mais, M. Geffroy se servait du papier que je lui donnais, sans encre, et il n'en jouait pas plus mal pour cela !... »

« — Oui, repris-je, en restant patient, comme il convient à un artiste qui n'avait droit qu'à deux quinquets ; mais, moi, qui n'ai pas l'autorité de M. Geffroy, j'ai besoin de vrais accessoires ; pardonnez-moi ce travers ! »

Cet homme, au fond, n'était pas mauvais ; il daigna s'humaniser, et j'eus ce que je désirais.

Pour ce rôle de Bernard Stamply, j'avais rêvé un costume (adopté depuis par les artistes, qui m'ont succédé dans ce rôle).

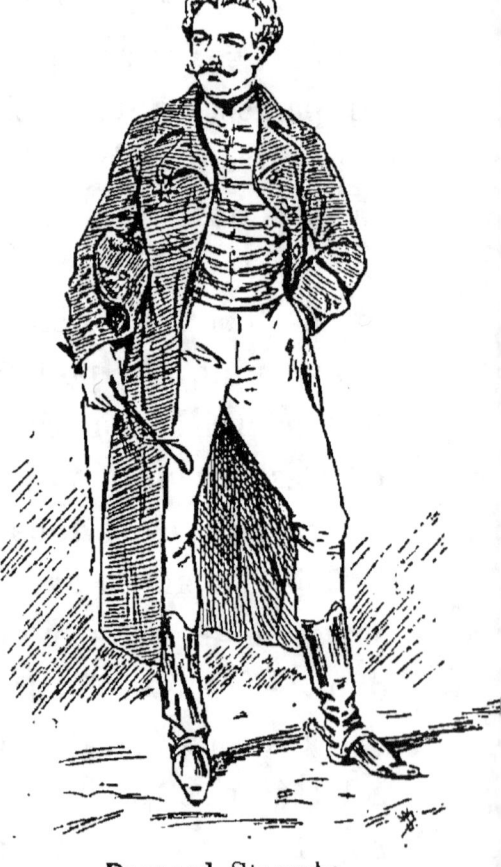

Bernard Stamply
dans Mlle de la Seiglière.

Mon prédécesseur, paraît-il, avait été moins scrupuleux que moi, au point de vue de l'exactitude ; car, la défroque, que l'on me montra, ressemblait plutôt à celle d'un dompteur, désireux de faire des conquêtes, qu'à la tenue des officiers de Napoléon Ier, pendant la Restauration.

Après avoir fait approuver, par M. Thierry et M. Régnier, mon croquis, qui leur avait paru bien, je me présentai au magasin, chez M. le costumier en chef.

Ce *dignitaire* me prit mesure.... mais, quel dédain ! Ah ! il me faisait cruellement sentir, lui aussi, la modestie de mon luminaire.

Comme je lui demandais une croix de la Légion d'honneur, accessoire qui joue un rôle à la fin du premier acte, il me montra celle portée par l'artiste qui avait créé le rôle.

« — Mais, lui dis-je, c'est une croix moderne ! »

« — Eh bien ?...

« — Eh bien ! mais, celle de mon personnage est une croix de l'empire, de Napoléon Ier.

« — M. Maillart se contentait de celle-ci, et il n'en jouait pas plus mal !...

« — Mais, répondis-je, à mon sévère interlocuteur, s'il eut porté le bijou exact, eut-il moins bien joué ?

« — Je n'en sais rien, reprit l'irascible costumier ; mais, puisque vous y tenez, entrez chez Kretly, galerie Montpensier, et prenez vous-même la croix que vous voulez !.... Je n'ai pas le temps de m'en occuper !

« — Pendant que j'y serai, crus-je devoir ajouter, avec un gracieux sourire, si vous aviez besoin de tabac, je pourrai vous en rapporter un paquet ?... »

Cette fois, Monsieur le costumier parut comprendre qu'il avait été peut-être un peu loin; car, il s'excusa; et, le lendemain, j'étais en possession de la croix demandée.

Ce rôle de Bernard me fut favorable; il ne me restait plus qu'une troisième épreuve à subir et mon sort allait se décider.

Le rôle choisi, d'accord avec M. Thierry, était le chevalier d'Aubigny, de *Mademoiselle de Belle-Isle.*

Mme Augustine Brohan jouait le rôle de Mme de Prie; Madeleine Brohan celui de Mlle de Belle-Isle; Mme Bonval faisait Mariette, et Bressant M. de Richelieu.

Dumas père m'avait fait l'honneur de suivre les répétitions, et avait pratiqué de nombreuses coupures.

A cette époque, il y avait encore un orchestre de musiciens, disparu aujourd'hui, et je me souviens qu'un soir, où j'étais dans la salle, je restai très surpris, en voyant Léon Gozlan (brouillé, en ce moment, avec le comité) venir, à chaque entr'acte, écouter les fragments de musique qu'on jouait, puis, se retirer, dès que le rideau se relevait.

Comme je lui demandais l'explication de ce singulier manège :

— Mais, mon cher ami, me répondit-il, je ne viens ici que pour la musique !

Je parlais de *Mademoiselle de Belle-Isle*, et, à ce propos, il me revient en mémoire une anecdote, qui me fut contée par Régnier.

A la création de cet ouvrage, Dumas, paraît-il, avait rêvé une scène curieuse, et assurément nouvelle, mais, d'une exécution qu'eût rendue impossible l'esprit gouailleur du public parisien, et, cependant, c'était un trait de génie.

Dans la belle scène qui termine le troisième acte, quand Daubigny, après avoir entendu les affirmations du duc, reste persuadé que ce dernier a passé la nuit avec sa fiancée, la petite fille de Fouquet, à bout d'arguments, à moitié folle de désespoir et de rage de ne pouvoir convaincre Daubigny, lui disait, à peu près, ceci :

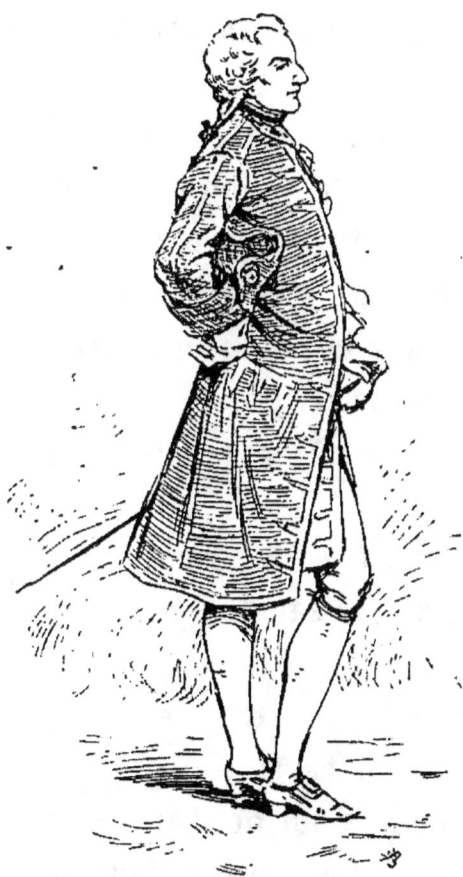

M. de Richelieu
dans Mlle *de Belle-Isle.*

« — Cet homme a menti;

ayant foi en votre honneur, je suis prête à vous donner le mien, pour vous prouver que je suis digne d'être votre femme !

« — Et j'ai pu la croire coupable !... » disait Daubigny, à l'acte suivant.

Evidemment, en lisant ceci, on peut sourire ; mais, en y réfléchissant, n'est-ce pas admirable de conception : une fille se donnant à un homme qu'elle aime, pour lui prouver qu'elle est vierge !

Le 3 mai 1867, la Comédie représenta *Mademoiselle de Belle-Isle.*

Quelques jours après, Bressant, fatigué, avait cédé son rôle à Leroux, dont la mémoire était quelquefois réfractaire. Je venais de jouer le troisième acte, et, comme j'avais la gorge sèche, j'aperçus sur la table, placée dans la coulisse, un verre d'eau. Au moment, où j'allais le porter à mes lèvres, ignorant que Leroux y eût déjà posé les siennes :

— Imprudent ! s'écria, tout à coup, Augustine Brohan, en m'arrachant la coupe : l'eau du Léthé !!...

Le mardi, 30 avril de cette année 1867, est une date, qui fait époque dans ma carrière ; car, à 3 heures, le comité s'était réuni, pour délibérer sur mon admission dans la société. Ce comité d'administration, présidé par l'administrateur général,

M. E. Thierry, se composait de : MM. Régnier, Got, Delaunay, Leroux, Bressant, Monrose, Maubant ; membres suppléants : MM. Coquelin aîné et Lafontaine.

J'attendais, avec anxiété, au café de la Rotonde, le résultat de cette séance, que devaient m'apporter Lafontaine et Monrose, à 5 heures et demie. Quand je vis poindre mes deux excellents camarades, le cœur me battit fort, je l'avoue.

« — Eh bien ?...

« — Reçu sociétaire à trois quarts de part.

Quelqu'un du comité ayant demandé que je jouasse du répertoire, avant de se prononcer, M. Thierry avait répondu que, plusieurs fois déjà, je m'étais mis aux ordres de la Comédie, à cet égard.

M. Régnier, s'il se fût souvenu à ce moment, aurait pu affirmer que je lui avais demandé de me donner des leçons, mais, que cela lui avait été impossible ; son temps était pris ; il aurait même pu ajouter que, sur mes vives instances, il m'avait fait travailler le répertoire quelquefois chez lui, mais, plus souvent encore, sous les portes cochères, pendant que je l'accompagnais dans ses courses à travers Paris.

Pour plus de précision, je copie, dans mes notes au jour le jour, les lignes suivantes :

« 6 heures. Rentré chez moi, avec une horrible migraine ; obligé de me mettre au lit.

« Le lendemain, je vais voir M. Thierry ; il m'embrasse. Même accueil de Verteuil et de Davesne, notre régisseur général. »

M. Thierry me confirme que tout s'est bien passé, mais, que quelques membres du comité craignent un petit coup d'État ministériel, en ma faveur, m'imposant, comme Bressant, *à la part entière*. Je le rassure à cet égard, et, bien que M. Doucet espérât une réception à *dix douzièmes*, après avoir reçu ses compliments, j'accepte très franchement et très heureux la situation qui m'est faite.

« A 5 heures. Retourné chez l'administrateur, qui est enchanté de me voir accueillir sans récriminations, les décisions d'un comité, dont je dois un jour faire partie, me dit-il !

« En sortant, déposé ma carte aux membres du comité. Dîner en famille et avec quelques amis. On boit au nouveau sociétaire. Je dormirai cette nuit !... Pourvu qu'en me réveillant, demain, tout cela ne s'évanouisse pas comme un songe...

« Mais non... en entrant ce soir dans ma loge, pour m'habiller, je vois brûler deux lampes !!... tout est bien réel, je suis sociétaire ! »

II

Je venais de créer: *A Deux de Jeu*, de M. Legouvé, en compagnie de Mᵐᵉ Plessy, cette admirable artiste, trop tôt disparue de la scène, pour les fervents du grand art, et pour notre enseignement à tous.

On vint me prévenir, le lundi 27 mai, que je devais jouer ce petit acte, le lendemain, chez M. le duc de Mouchy.

On nous avait recommandé l'exactitude. Aussi, à 9 heures précises, traversions-nous le grand salon des invités, pour gagner l'emplacement qui devait nous servir de scène, quand j'aperçus deux fauteuils placés au premier rang et déjà occupés par un monsieur et une dame.

A son attitude, aux mouvements de la main qui caressait une longue moustache, je reconnus de suite l'empereur; près de Napoléon III, nous pûmes saluer Sa Majesté l'impératrice Eugénie.

Comme Mᵐᵉ Plessy et moi attendions le moment de commencer:

— Si c'est l'ouverture qui vous fait défaut, dit l'empereur, la voilà... En disant ces mots, Napoléon III battit avec ses doigts une marche sur son chapeau. Cela fait : Vous pouvez commencer, fit-il.

Après la pièce, l'Empereur se leva et vint à moi, pendant que, de son côté, l'Impératrice s'approchait de Mme Plessy.

Très courtoisement, le général Fleury voulut bien me présenter.

« — M. Frédéric Febvre, Sire, un nouveau sociétaire de la Comédie-Française, qui a l'honneur d'étrenner ses galons devant Votre Majesté.

« — En ce cas, dit l'Empereur, c'est à la Comédie-Française que je dois faire mes compliments de sa nouvelle recrue ! Et, avec un ton de bonhomie, qui me toucha vivement, Sa Majesté ajouta : Comment se porte Monsieur votre père ?

« — Mais il va bien, Sire, et sera très flatté du souvenir que Votre Majesté veut bien lui conserver.

« — Il m'a été présenté à San Martino, par l'intendant général Wolff, si mes souvenirs sont fidèles... le succès de son fils doit le rendre bien heureux. »

En disant ces mots, l'Empereur se recula d'un pas. Je saluai, et m'éloignai, après avoir été présenté à l'Impératrice, si bienveillante pour les artistes ; et, pendant que le général Fleury me reconduisait :

« — Quelle prodigieuse mémoire a l'Empereur, lui dis-je, encore tout étonné.

« — Ah ! dame, me répondit, en souriant, le général, c'est son métier ! »

Quelques jours après nous redonnâmes, sur la demande de Leurs Majestés, au palais des Tuileries, le petit acte de M. Legouvé. Comme auditeurs : le roi Guillaume, M. de Bismarck, prince Humbert, Duc de Mecklembourg et Duc de Leuchtemberg. Après la pièce, le roi Guillaume demanda que je lui fusse présenté. J'avais déjà éprouvé une sensation étrange, en voyant les portes s'ouvrir et l'huissier annoncer :

« Sa Majesté le Roi de Prusse.

« L'Empereur.

« Sa Majesté l'Impératrice.

« Monseigneur le Prince Impérial.

« Son Altesse Royale le grand-duc de Mecklembourg, etc., etc...

Le roi Guillaume donnait le bras à l'Impératrice Eugénie. Napoléon III tenait par la main le Prince Impérial, qu'il plaça entre ses genoux ; et, pendant toute la représentation, je pus voir la main de l'Empereur caresser tendrement la tête de ce fils adoré.

L'Impératrice avait pris place près du roi Guillaume. Rivé au fauteuil de son vieux souverain, le comte de Bismarck, par sa haute stature, attirait tous les regards.

Après la représentation, le roi de Prusse me dit :

« — Il faut absolument que l'Empereur vous autorise à venir, avec Mme Plessy, à Berlin. Je serais charmé que nos comédiens vous voient jouer ces petits proverbes ; cette sorte d'*escrime littéraire* (*sic*) leur sera d'un utile enseignement. »

Ne pouvant accepter une invitation comme celle-là, sans une haute autorisation, je gardais le silence, le roi réitéra sa proposition.

Du regard, je me hasardai à consulter Napoléon III, témoin de cette scène. Après un silence, et presque à voix basse, l'Empereur répondit... A Berlin... nous verrons ça...

Ce n'est qu'en 1870 que je compris la réponse, qui me fut faite dans la soirée du 13 juin 1867.

29 juin.

Après quatre répétitions, je joue, pour la première fois, Clitandre des *Femmes Savantes*.

29 septembre.

Un seul raccord, et je parais dans *Tartuffe*, rôle de Valère. A cette époque, on le voit, il fallait se contenter de peu de répétitions, si on tenait à se produire dans le répertoire classique.

Tout est bien changé : tant mieux pour ceux de maintenant, si cela peut leur épargner les transes mortelles, par lesquelles on passait, lorsqu'il fallait se présenter devant la presse et le public, dans d'aussi défavorables conditions, bien que Molière ait affirmé que *le temps ne fait rien à l'affaire !*

15 *novembre.* Fête de Sa Majesté l'Impératrice.

Représentation au Palais de Saint-Cloud. Nous jouons *le Baiser Anonyme,* un acte. L'auteur, Albéric Second, avait pour collaborateur un très galant homme, un peu parent du général Fleury. On racontait même que, quelques jours avant le coup d'État, au moment où il fallait de l'argent, le général Fleury était venu trouver son parent... et lui demander de prêter au prince Louis-Napoléon une assez forte somme.

« — Prêter quoi que ce soit à ce silencieux et énigmatique personnage, qui ne fera jamais rien !... Jamais de la vie !

« — Vous avez tort, lui répondait le général, qui connaissait, sans doute, le plan du 2 Décembre ; je vous assure que c'est de l'argent bien placé et que vous serez étonné vous-même de ce que peut vous rapporter cet emprunt ! »

Il fallut bien des paroles pour convaincre le collaborateur d'Albéric... et, si l'histoire est vraie, jamais prêteur ne trouva un placement plus avantageux.

Je vois encore le Prince Impérial, qui, pendant toute la soirée, regardait avec stupéfaction les mollets d'Albéric Second, mollets que lui eût enviés Porthos lui-même.

Le Baiser Anonyme était joué par Bressant, Mmes Madeleine Brohan, E. Riquer et moi.

Après le spectacle, l'Empereur s'entretint, assez longtemps, avec nous, du répertoire de M. Hugo.

Il nous demanda s'il pouvait aller entendre *Hernani*, ajoutant qu'on lui avait adressé des rapports exagérés, sans doute, sur la façon dont le parterre soulignait, chaque soir, certains vers visant l'Empire.

Ce à quoi Bressant, très embarrassé, répondait :

« A la Comédie-Française, comme partout, Votre Majesté est chez elle, et nous sommes toujours heureux d'avoir l'honneur de paraître devant l'Empereur. »

Celui-ci, de guerre lasse, prit congé, sans avoir rien appris.

Ce soir-là, on se chuchotait à l'oreille une bien jolie histoire.

Une dame du noble faubourg, dont le salon

politique affichait, ouvertement, une vive opposition au gouvernement de Napoléon III, devait donner une grande soirée.

Le ministre de l'intérieur crut devoir intervenir, et M. Piétri, alors préfet de police, se présenta chez cette dame. Avec force excuses, il lui exposa qu'il lui était impossible de laisser donner cette fête, si elle lui refusait l'autorisation de placer, parmi ses convives, quelques agents secrets.

« La police chez moi ! quelle horreur ! » avait répondu la dame.

Piétri, après lui avoir donné l'assurance que les hommes dont il se servait, en pareil cas, étaient des plus corrects, et que rien, dans leur tenue, leur attitude, ne pouvait laisser deviner le rôle qu'ils avaient à remplir, voyant qu'il ne parviendrait pas à convaincre son interlocutrice, Piétri, disait-on, avait eu une inspiration :

« — Pouvez-vous seulement, Madame, me communiquer la liste de vos invités ? fit-il.

« — Parfaitement, Monsieur ; ici, nous nous connaissons tous, et personne ne cache son nom. »

Piétri parcourut attentivement le papier.

« — Vous pouvez donner votre soirée, Madame, fit-il, en souriant. Je n'ai plus besoin de placer des agents... C'est déjà chose faite. »

Inutile d'ajouter que la soirée fut contremandée..

Piétri racontait qu'il avait laissé la pauvre dame anéantie, lisant et relisant sa liste, avec une expression de profonde stupeur.

4 décembre.

Je joue Dorante, du *Jeu de l'Amour et du hasard*.

Pendant mon congé, je partis donner quelques représentations à Agen, profitant de cette occasion pour m'essayer dans le rôle de Tartuffe.

La troupe, qui devait me prêter son concours, était placée sous la direction d'un M. X... un Méridional bien ingénieux, bien amusant... Monselet aurait pu dire de lui qu'il était même du midi et demi !

Rien de plus curieux à observer que ces pauvres et intéressants artistes.

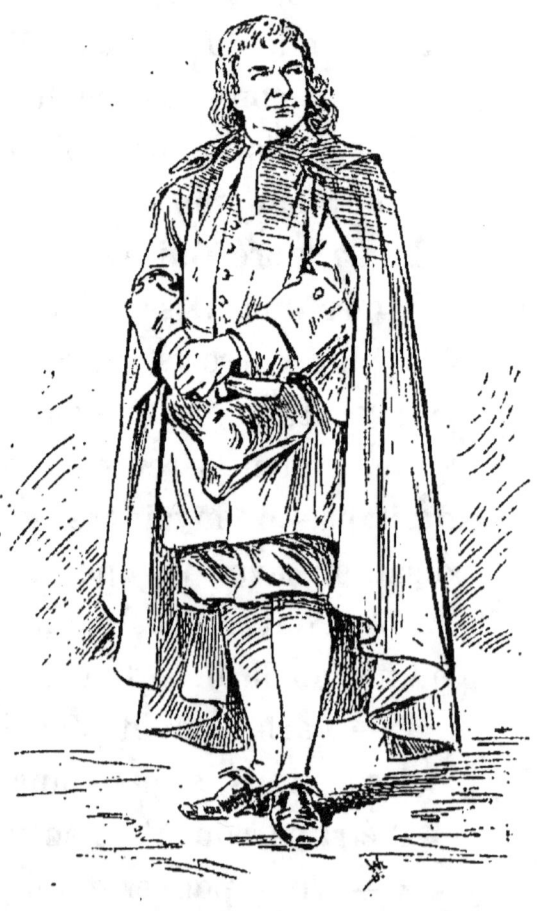

Tartuffe.

Quel métier ! Il leur fallait faire, chaque semaine,

chaque jour, des tours de force de mémoire incroyables.

Ainsi, à mon arrivée, on *distribua*, le dimanche soir, pour jouer, le Jeudi, *Tartuffe !*

Le jeune homme, qui devait représenter Damis, vint me trouver et me demander si son rôle était long ?

— Pas trop... vous ne connaissez donc pas *Tartuffe* ? lui demandai-je, un peu inquiet.

« — Oh si, fit-il en se récriant, je l'ai vu jouer *en prose*, dans une tournée... Est-ce qu'il est difficile, Damis ?

« — Tout est difficile, — mais, si vous avez besoin de quelques conseils, je suis tout à vous.

« — Merci bien, monsieur ; mais, ça m'embrouillerait plutôt ; — et, encore un mot : — est-ce qu'il est en vers aussi ?... » (*Historique.*)

J'étais devenu rêveur, je l'avoue, quand un autre artiste m'aborda ; celui-là devait jouer Cléante.

« — Pardonnez-moi de vous déranger, monsieur, me dit-il, mais, je tenais à vous prévenir ; nous n'avons pas de costume Louis XIV, c'est une époque peu employée dans le répertoire courant ; et, quant au répertoire classique, hélas ! on ne le joue plus en province ; ne vous étonnez donc pas, ce soir, en me voyant entrer en scène, et ne souriez pas trop de mon costume un peu hydraulique ! ».

(Le brave homme voulait, sans doute, dire hybride.)

Il avait eu raison de me prévenir ; car, jamais assemblage d'oripeaux aussi disparates ne me parut plus tristement grotesque.

N'ayant pas de perruque Louis XIV, il avait imaginé de se mettre, de chaque côté du visage, des tire-bouchons fixés par de petits peignes de cuivre, ce qui lui donnait l'aspect d'une Anglaise qui sort de l'eau, ou d'un épagneul dans le chagrin ; habit Louis XV, gilet Louis XVI, culotte Louis XIII, tout un musée ! Eh bien, malgré cela, je n'eus pas la moindre envie de rire, je vous jure ; car, cet homme avait du talent, et jamais, vous entendez bien, jamais je n'ai entendu, même au Théâtre-Français, dire ce rôle de Cléante avec plus de goût, de sobriété, de style ; on sentait bien que, dans sa jeunesse, ce pauvre vieux comédien avait vu et entendu de grands artistes.

A cette époque, le café-concert, où l'on fume, n'existait pas encore, et ne faisait pas au théâtre une concurrence, d'autant plus dangereuse pour l'avenir, que le jeune homme possesseur, maintenant, d'un filet de voix si mince qu'il soit, sans études, sans apprentissage, peut débuter, séance tenante, à des conditions qui rendent impossibles aux théâtres de comédie, les moyens de lutter contre ce flot toujours montant.

Encore quelques années, et il faudra, pour le recrutement d'artistes, ne plus compter que sur le Conservatoire.

Cette perspective est-elle rassurante ? Je pose la question, sans oser l'approfondir ?

Nous devions jouer, à Villeneuve d'Agen, *Mademoiselle de Belle-Isle*. Instinctivement, je demandai au directeur si la ville offrait assez de ressources pour tenter un déplacement aussi onéreux, et si le théâtre était de proportions raisonnables.

« — Un bijou !... quant au public... caressant... une famille ! vous verrez, me répondit mon gascon, avec un aplomb, qui ne me rassurait que médiocrement. »

Nous arrivons à Villeneuve, un petit coin délicieux sur le Lot. Quant au théâtre, une boîte ; il fallait s'habiller dans le dessous ; comme décors, il y en avait deux : le classique palais et la forêt.

Les châssis étaient à pivots, comme dans les théâtres d'enfants ; d'un côté, un arbre ; de l'autre, un meuble, ou une porte en perspective.

J'entre ; mais, ma maudite épée accroche, au passage, la coulisse mobile ; le meuble disparaît et j'amène un arbre avec mon fourreau.

Comme pendant l'entr'acte, je faisais des reproches à l'impresario :

« — Plaignez-vous donc, répondit-il, — le préfet

est là, avec sa famille; ce public vous adore déjà, et au dernier acte, vous recevrez une couronne!

« — Mais vous m'aviez dit que vous aviez joué ici, un dimanche, *la Tour de Nesle* ?

« — Oui, *la Tour de Nesle*; eh bien ?

« — Eh bien, avec ces deux seuls décors, le palais et la forêt, comment faisiez-vous à l'acte, où Buridan est prisonnier dans un cachot ?

« — La forêt !

« — Comment, prisonnier dans la forêt ? »

Alors, posant sa main droite, à demi fermée, sur son genou, agitant son pouce, avec ce geste familier aux gens du midi, il répondit :

« Té, sur parole !... »

Il y a quinze jours, j'ai donné, sur cette scène, *Marceau ou les Enfants de la République*. J'avais distribué les rôles, le vendredi pour le dimanche; eh bien! mon cher M. Febvre, tous ces forbans n'en savaient pas un seul mot... Quand j'ai vu cela, qu'est-ce que j'ai fait !... Je me suis mis dans la coulisse, avec une grosse caisse, et, chaque fois qu'un des acteurs manquait de mémoire, je flanquais un coup de maillochon, en criant :

« — Vive la république ! » Ç'a été un rude succès, je vous en réponds. »

Après le spectacle, on montait dans une sorte de diligence pour rentrer à Agen; à moitié route, en haut d'une longue côte assez rapide, on laissait souffler les chevaux ; pendant ce temps, on mangeait un morceau.

Je me donnai la joie d'offrir à ces braves gens un petit souper improvisé; menu bien simple, il ne fallait pas faire le difficile : soupe aux choux, lard, omelette, salade, fromage, café. Oh! alors, si vous aviez vu cette tablée : quel appétit, quelle gaieté, quel entrain... Oh! les étranges anecdotes entendues pendant ce frugal repas.

Quelle philosophie ! Quelques flacons de vin, et tout était oublié, les misères d'hier, celles de demain... Le souvenir des privations s'envolait de leur mémoire à travers la fumée des cigares et des pipes... A eux le monde !

Et je me disais : comme il est heureux que cela soit ainsi !

Ces malheureux n'ont aucune notion de l'avenir qui leur est réservé. Tout à aujourd'hui. Demain viendra bien assez vite, amenant à sa suite les rigueurs du propriétaire pour les loyers échus, la date du trimestre dû à la nourrice du petit, qu'on fait élever à la campagne... Marguerite de Bourgogne n'ayant pas le loisir d'allaiter son enfant ; car, chaque jour, il lui faut apprendre un nouveau rôle, repriser, de temps à autre, l'inévitable robe de velours rouge galonnée d'or, et retaper sa couronne royale...

Jamais, en pareil cas, titre ne fut moins propre que celui de *Roman Comique*. A la fin de ce souper, enhardi par la bonne chère, et la gaieté de son directeur, le souffleur (il était en casquette) s'approcha du patron, comme on disait dans la troupe, et lui demanda, tout bas, dix sous !

« Toujours des avances, » fit, avec un air bon enfant, cet Harel des grands chemins, en donnant la petite pièce blanche demandée, à la grande joie du pauvre souffleur, dont le visage s'éclaira d'un rayon joyeux.

En songeant à cette troupe d'Agen, je me souviens de ce mot du bon Théophile Gautier.

On lui reprochait, un jour, de traiter avec une trop grande bienveillance les acteurs des petits théâtres : « Jamais une critique, lui faisait-on observer ; comment voulez-vous qu'ils ne se croient pas parfaits ? »

« — Que voulez-vous que je leur dise, répondait le doux poète ? Leur reprocher de manquer de style, de tenue, d'élégance — mais, les pauvres, en dehors du théâtre, ils manquent déjà de tant de choses que je ne me sens pas le courage de les tourmenter. — Et, d'ailleurs, ajouta-t-il, ils ne me croiraient pas !... A quoi bon alors ?... »

Je quittai Agen au plus vite ; car, le directeur venait de découvrir qu'il était mon cousin. Rester plus longtemps eût été une imprudence : il eût été capable de me le prouver !...

13 mars 1868.

Bataille de Dames, avec Got, Leroux, Mmes Madeleine Brohan, E. Dubois. Je joue Henri de Flavigneul.

22 mai.

Pour la première fois, faisant partie de la commission des comptes, je parcours les livres de caisse; cette journée restera au nombre de celles où j'ai été le plus surpris. J'aurai, d'ailleurs, l'occasion de revenir sur ce sujet.

27 juin.

Une Chaîne, rôle d'Emmeroc, un des plus mauvais rôles que je connaisse;

Régnier, exquis dans *Balandard,* Got. dans *Clérambault,* Bressant dans *M. de Saint-Géran*... Mmes Favart et Émilie Dubois.

3 octobre.

Convoi de M. Waleski.

Pendant le trajet de l'église au cimetière, je recueille sur l'Empire deux jolies historiettes, que je transcris, en recopiant mes notes.

A une revue, que devait passer Napoléon Ier dans la cour des Tuileries, un capitaine de sa garde, qui avait une requête à adresser au souverain, vint trouver le colonel de son régiment et lui demanda la marche à suivre :

« Quand l'empereur passera devant le front de vos soldats, un pas en avant. Napoléon sait ce que cela veut dire, il s'arrêtera ; alors, sans perdre de temps, en quatre mots, trois si vous le pouvez, présentez votre supplique. »

Le lendemain, quand l'empereur parut, le capitaine s'avança et, l'épée haute, il dit :

« — 27 blessures, 16 campagnes, capitaine, chevalier !

« — Commandant, baron, officier, répondit Napoléon, sans se retourner, ni s'arrêter. »

L'autre histoire est relative à Napoléon III.

Un matin, on vint prévenir l'Empereur que le préfet de police désirait un instant d'audience.

« Il m'ennuie, répondit le souverain, qui prévoyait une dénonciation de complot, c'est-à-dire une raison de ne pas sortir. Je ne veux pas le voir. »

Le préfet insistant, l'empereur envoya un de ses officiers d'ordonnance, qui revint disant à Sa Majesté que la communication était de la plus haute gravité, par conséquent personnelle.

« Alors, faites entrer M. Piétri, dit Napoléon III avec résignation. »

Aussitôt qu'il aperçut le préfet :

« — Parlez, monsieur, lui dit-il. Les personnes qui m'entourent peuvent tout entendre !

« — Eh bien, sire, le duc d'Aumale est à Paris.

« — Mon Dieu ! fit aussitôt l'Empereur, qu'on veille bien sur lui ! qu'il ne lui arrive rien... »

Et Piétri repartit, avec un tout autre ordre que celui qu'il attendait, sans doute.

C'est de l'officier d'ordonnance présent à cette scène, que je tiens ces détails.

22 octobre.

Première représentation, à la Comédie-Française, de *Mercadet*.

Je joue de la Brive.

Got, avec une verve endiablée, jouait à fond Mercadet, que Geoffroy ne faisait qu'effleurer.

Le jugement porté sur ces deux interprétations par un homme d'esprit, donne la note juste :

« Avec Geoffroy, c'était la police correctionnelle...

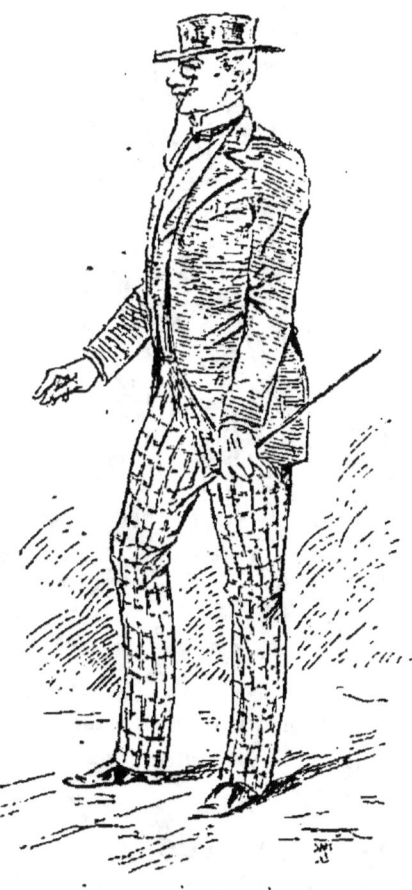

M. de la Brive dans *Mercadet*.

« Avec Got, c'est la cour d'assises. »

21 novembre.

Je reprends, dans *le Lion amoureux*, le rôle du vicomte de Vaugris.

12 mars 1869.

Après six répétitions, je joue, pour la première fois, le rôle de Dorante des *Fausses confidences.*

Mme Plessy s'était chargée du rôle de Dorimène, un de ses incontestables triomphes. Régnier celui de Dubois.

Comme je faisais une visite à Roqueplan, en ce moment critique dramatique au *Constitutionnel*, aux premiers mots que je lui dis, il m'arrêta :

« — J'ai toujours été gentil pour toi, tu n'as jamais eu à te plaindre de mes feuilletons, eh bien ! je considère

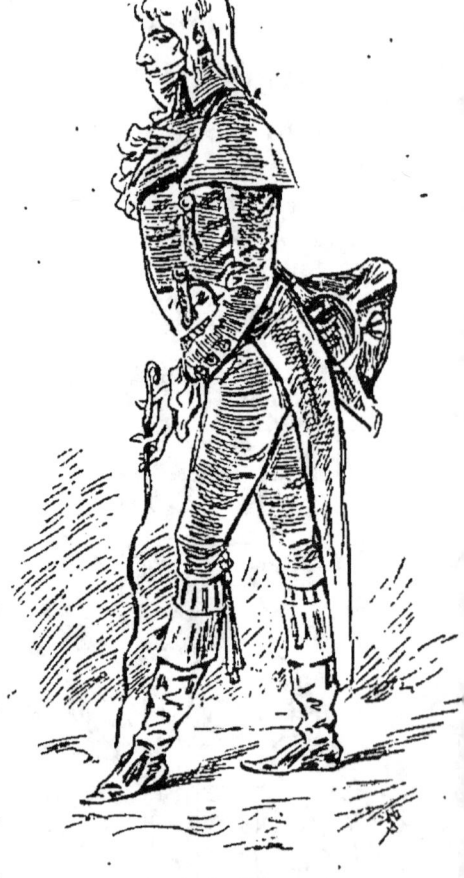

Le vicomte de Vaugris dans *Le Lion amoureux.*

cette démarche comme un mauvais procédé, une marque d'ingratitude; car, je vois bien ce que tu as osé espérer : que j'aille entendre *les Fausses confidences*, n'est-ce pas ?... c'est très mal, et j'espérais mieux de nos relations qui, jusqu'ici, avaient été courtoises.

« — Voyons, cher M. Roqueplan, soyons sérieux, répondis-je ; je vous assure que ce serait pour moi un gros chagrin de ne pas vous savoir là, ce soir.

— Mais non... tu te moques pas mal que j'y sois ou non ; ce qui t'importe surtout, c'est un bon article, avoue-le ? Eh bien, il y a un moyen pour qu'il soit meilleur encore... Fais-le toi-même. Tu m'auras épargné les trois actes de Marivaux, et nous serons tous deux satisfaits. »

Il y avait là quelques personnes étrangères, et j'avoue que j'étais très contrarié de la tournure que prenait l'entretien. Voyant mon embarras, il me poussa dans mes derniers retranchements, en ajoutant :

« Oui, ce serait tentant, n'est-ce pas ? Mais, tu n'oseras pas ; être son propre critique n'est pas donné à tout le monde ! A cette seule pensée, tu pâlis, Brutus... »

Piqué au vif, j'acceptai.

Le lendemain matin, je me mis à l'ouvrage.

Tant qu'il ne s'agit que de distribuer l'éloge à mes illustres camarades, cela marcha assez bien ; mais, quand mon tour arriva, gêné par cette pensée qu'en me lisant, Roqueplan ne pourrait s'empêcher de sourire, et que les encouragements que je me serais distribués, si réservés qu'ils fussent, lui paraîtraient un excès de bonne opinion de moi-même, je crus être très habile, en me prodiguant quelques sévères critiques, me disant : il sera bien attrapé en lisant cet article.

Enfin, le lundi suivant, *la Presse* parut. Je n'eus qu'un mauvais feuilleton : le mien !

« Imbécile, me dit Roqueplan, quand je le revis ; tu avais une si belle occasion de dire ce que tu penses de toi et de tes bons petits camarades... Je t'engage à relire une pièce fort curieuse d'un auteur russe, qui a pour titre : *Bête à force d'esprit !*...

Jamais je ne le vis pousser plus loin le paradoxe que le jour, où appuyé à la fenêtre de son cabinet, (il était alors directeur au théâtre du Châtelet), il me dit :

« Vois, enfant, comme Dieu, dans sa sagesse, a tout prévu : en face de ce théâtre, où une place de caissier est une sinécure, le tribunal de commerce ; à droite la Conciergerie ; sous nos pieds, la Seine, et, en descendant, la Morgue !... en un mot, tout ce qui attend les imprudents directeurs.

Un jour qu'il m'avait prié à dîner au restaurant :

« A Paris, disait-il gravement, pour bien manger, il faut être parisien. Le choix des mets n'est pas réservé aux âmes vulgaires. »

A ce moment, on apportait devant lui un potage printanier.

Tout à coup, en apercevant dans son assiette un malheureux petit pois, qui semblait se débattre contre l'immersion d'une quantité de bouillon, je le vis se lever vivement et se mettre en devoir de retirer sa redingote :

« — Que faites-vous ? m'écriai-je, plus que surpris.

« — Laisse, me dit-il, en me montrant le petit pois qui flottait mélancoliquement, je vais me mettre à l'eau pour le repêcher. »

4 mai.

Première représentation de *Julie*, 3 actes d'Octave Feuillet. Vingt-six répétitions avaient suffi pour monter cet ouvrage. Grand et légitime succès pour l'auteur regretté et Mlle Favart, qui se montra admirable, dans ce beau rôle de Julie.

Les rôles d'hommes étaient tenus par Lafontaine et moi. Mlle Reichemberg y fit sa première création, ce soir-là, si ma mémoire est fidèle.

L'Empereur et l'Impératrice assistaient à cette brillante représentation. C'est le dernier ouvrage dramatique entendu par Napoléon III.

Après le spectacle, Leurs Majestés nous firent demander pour nous adresser leurs félicitations.

Au moment, où nous quittions nos costumes et

où nous nous disposions à partir, on vint nous prévenir. Pour ne pas faire attendre les augustes personnages, nous nous présentâmes dans des tenues moins que correctes, mais, qu'on voulut bien admettre et excuser.

Je vois encore le salon du Palais-Royal, auquel on accédait par une porte donnant dans le cabinet de toilette de l'Impératrice.

Ce salon éclairé par un seul candélabre, était lugubre.

L'Empereur se tenait debout. L'Impératrice essuyait ses yeux, encore tout humides des larmes répandues pendant le troisième acte.

« Voyez, mademoiselle, dit-elle à Mlle Favart, dans quel état vous m'avez mise. »

L'Empereur, après avoir serré la main de Feuillet, qu'il aimait beaucoup, vint à nous et nous dit quelques mots très aimables. L'Impératrice se défit d'un bracelet qu'elle portait souvent, et voulut bien l'attacher elle-même au bras de Mlle Favart, en la priant de le conserver en souvenir de la bonne soirée dont elle lui était redevable.

Nous prîmes congé, ne me doutant guère que nous ne devions plus revoir cette famille impériale que sur la terre d'exil, dans cette brumeuse Angleterre... cette nécropole des Bonaparte et des princes d'Orléans.

30 août.

Première représentation de *la Parvenue*, comédie en 4 actes du commandant Rivière. (Rôle de Raoul de Léris.)

La pièce n'eût qu'un demi-succès, bien que la personnalité de l'auteur fût des plus sympathiques.

Je dois à cette comédie l'honneur d'avoir connu, c'est-à-dire aimé, ce brave et noble cœur : nous devînmes amis. Souvent, je relis les lettres qu'il m'adressait du fond des pays les plus exotiques ; et mon cœur se serre douloureusement, quand je regarde son portrait et que je pense que cette belle figure, tant de fois embrassée par moi, soit au départ soit à l'arrivée, a été retrouvée au bout d'une pique... et dans quel état de profanation!..... Pauvre et doux Rivière! si heureux pendant les répétitions de son ouvrage... si indulgent toujours! que de bonnes causeries, après les heures de travail; que de cigares fumés, lui me parlant littérature, moi le questionnant, sans cesse, sur ses lointains voyages.

Un jour que je lui demandais quel était le pays dont il avait gardé le meilleur souvenir..... « C'est la Havane, répondit-il, sans hésiter. Voyez-vous, mon cher, habiter à la Havane, chez sa blanchisseuse : voilà le rêve !

« S'étendre paresseusement, tout le jour, dans une sorte de piscine remplie d'eau courante, fumer des cigares exquis, pendant que votre jolie propriétaire, de ses petites mains, vous prépare des boissons glacées..... il n'y a rien de meilleur. Le reste ne vaut pas un souvenir ! »

Rivière était fataliste; il avait le mépris de la vie poussé à un tel point, qu'il alla, pour la dernière fois au feu, un cigare aux lèvres, ayant pour toute arme, une petite badine à la main.

— Croyez-vous au surnaturel ? lui demandai-je, un soir, où à la campagne, nous nous promenions au clair de lune.

— Le mot seul m'empêcherait d'y croire, répondait-il, avec son bon et doux sourire; non, mais je crois à un milieu mystérieux et sympathique qui nous enveloppe, à certaines heures, dans certains jours... Si, ce jour-là, nous nous sentons heureux de vivre, bien dispos, bien équilibrés, c'est, croyez-le bien, mon cher ami, l'influence occulte des êtres que nous avons aimés; ils nous font cortège dans l'air que nous respirons, soit au bruit du chant matinal et joyeux des oiseaux, soit dans le silence de la nuit, alors que la lune glisse, comme en ce moment, entre deux nuages, nous communiquant cette sensation indéfinissable qui nous fait battre doucement le cœur et place, dans notre mémoire et sous nos yeux, l'image de ceux que nous croyons bien loin et qui sont, à ce moment même, si près de nous, qu'il semble que nos âmes pourraient se toucher. Ce n'est pas une superstition ; c'est une religion, celle du souvenir.

Entre deux voyages, il donna, au Vaudeville, une pièce assez curieuse, *Monsieur Margerie*.

J'ai conservé précieusement le brouillon de ces deux actes, que Rivière me donna comme souvenir, avant son départ pour Nouméa.

Et c'est de cette *sous-préfecture*, comme il disait, que je reçus sa dernière lettre, datée : à bord de la *Vire*.

Attaqué par les Canaques, le commandant, en armant les détenus, leur dit :

— Il s'agit ici de sauver notre vie ; voilà des fusils, mes enfants. Je vais voir si vous êtes de braves gens.

Ces paroles firent merveille, et tout le monde fit son devoir.

Dans sa dernière lettre, Rivière me disait :

« Ce qu'il y a de certain, mon cher Febvre, c'est que je ne suis plus un marin en chambre. Comment avez-vous pu me donner ce nom ? Mais, je ne serais pas fâché de le devenir, s'il plaît à Dieu, au mois de février prochain..... »

Hélas ! je ne le revis plus. Il ne m'appartient pas de parler, ici, du soldat, dont la France garde le souvenir ; mais, je suis heureux de consacrer ces quelques lignes à l'ami sûr et fidèle, au poète d'un esprit si délicat, si observateur, qui doit reposer là-haut, dans le bleu... sa patrie.

28 mars 1870.

M. E. Thierry me fait venir dans son cabinet ; il s'agit d'un service important à rendre à la Comédie. Delaunay, très souffrant, ne pourra jouer Roswen de *Dalila*, alors en préparation ; il faut donc, sans tarder, et pour éviter un retard préjudiciable, faire tout de suite cette étude énorme, apprendre ce rôle écrasant, si admirablement créé par Lafontaine, au Vaudeville de la place de la Bourse.

J'accepte, sans hésiter, et, après six nuits consacrées à apprendre et onze répétitions, je joue la belle pièce de Feuillet.

Bressant faisait Carinoli, où Félix se montra si remarquable, si fantaisiste et même si sincèrement ému. Lafontaine, dans le personnage de Sertorius, fut applaudi avec sa haute taille, sa grande allure ; il ressemblait à un Beethoven inspiré. Mlle Favart, à qui était échu le rôle de la princesse, créé si magistralement par Mlle Fargueil, avait fort à faire pour faire oublier sa devancière.

Mlle Croizette fit sa première apparition dans ce

délicieux rôle de Marthe, créé par Mlle Luther. Enfin, Mlle Dinah Félix représentait, avec esprit, le petit rôle de Marietta.

Malgré tous nos efforts et les excellents conseils, que Lafontaine avait bien voulu me donner, la pièce ne se maintint pas au répertoire.

III

. . . .

Nous tombons à une époque, dont le souvenir m'est encore douloureux.

Je copie, au jour le jour, dans mes notes.

6 *août* 1870.

Les Ouvriers.
Le Rhin !
La Société des Enfants de Paris.
Un Acte d'Horace.
Les Girondins.
Pour les Blessés.
Un acte du Lion amoureux.
La Marseillaise !

Ce programme en dit, à lui seul, plus long que tout ce que je pourrais écrire. Les événements se précipitaient ; nous entrions dans la sombre période qui faillit amener la désorganisation de la Comédie-Française.

La *Marseillaise* était chantée... ou plutôt déclamée par Mme Agar. Déjà, avant elle, Mlle Rachel avait prêté son large style aux strophes de Rouget de l'Isle.

Brindeau lui-même, en costume de la garde nationale, avait fait entendre l'Hymne populaire pendant une semaine.

Cette fois, chaque reprise de « Aux armes, citoyens !... » était répétée par la foule, qui hurlait : *à Berlin !!!*

19 octobre.

Comité d'administration, — présence indispensable ; on commence, dans cette séance, à s'inquiéter de l'avenir !... ne s'étant préoccupé, jusqu'ici, que du présent.

28 décembre.

Comité d'administration. On nous apprend que nous toucherons de 100 à 125 francs, le 1er janvier, et une somme égale le 15.

15 janvier 1871.

Anniversaire de Molière :

Le dépit amoureux ;
Amphytrion ;

La cérémonie, en costumes bourgeois.

Note du bulletin :

« Faute de feu, vous êtes prié de paraître en uniforme. »

Au milieu de tous ces costumes militaires, le public eut quelque peine à reconnaître ses comédiens ordinaires ; nous avions tous des moustaches, des barbiches, quelques-uns même toute leur barbe.

Faute de feu ! quand on songe au confortable habituel de cette belle maison, on reste surpris, et même attendri de cette recommandation.

J'ai demandé, il y a quelques années, que ce bulletin figurât dans les archives.

Chacun de nous, à ce moment, cherchait des ressources pour faire face à la terrible situation, qui semblait vouloir se prolonger.

J'avais obtenu une commission brevetée de secrétaire à l'artillerie (commandant Pothier) ; 5 francs par jour. Et M. Thierry voulut bien m'autoriser à organiser des représentations du *Roman d'un jeune homme pauvre*, au théâtre des Bouffes-Parisiens, avec quelques artistes du théâtre du Vaudeville : Brindeau, Parade, Munié, Colson, MM. Lambquin, Marie Brindeau et Alexis Pastelot. Nous donnâmes, avec succès, pendant quelques soirées, le beau drame d'Octave Feuillet.

Chaque jour, c'était un nouvel appel fait aux comédiens, soit pour jouer au bénéfice des blessés, soit pour fondre un canon !

Ce beau Paris, si brillant, si lumineux, était, à cette époque, non seulement plongé dans une sorte d'obscurité, mais encore, privé de voitures ; il fallait donc se rendre à pied au théâtre : ce qui, au point de vue de la tenue, présentait quelques difficultés.

Je me souviens d'avoir joué, au théâtre des Folies-Bergère, un proverbe et dit le *Rhin* de Musset (ah ce que l'on disait le *Rhin !*). Il me fallut emporter mes chaussures dans un journal, pour ne pas paraître en scène avec des bottines tachées de boue. A l'issue de la représentation, le directeur me remit 100 francs, en pièces de cent sous ! Quelle joie !... J'emportai mon petit trésor, comme s'il se fût agi d'une fortune.

Un matin, M. Tirard, alors maire du deuxième arrondissement, me pria de passer à son cabinet.

Le futur ministre des finances souhaitait de me voir prêter mon concours à une nouvelle œuvre patriotique ; il s'agissait, cette fois encore, de fondre un nouveau canon : le canon de la Banque !

Alors, il s'établit, entre le futur ministre du commerce et moi, un colloque qui, à ce moment, semblait la chose la plus naturelle du monde, et qui, aujourd'hui, rendrait rêveur celui à qui il serait donné d'y assister,

« — J'avoue, monsieur le maire, lui dis-je, que si disposé que je sois à faire ce qui vous est agréable, on a tellement abusé de nous, que je me vois dans la dure nécessité de décliner l'honneur que vous voulez bien me faire... Jusqu'ici, j'ai bien vu les canons que boivent certains patriotes, mais jamais ceux qu'ils fondent... et puis, j'ai encore une autre raison de me tenir à l'écart... J'ai appris, de source certaine, que plusieurs artistes avaient reçu, en échange de leur peine, des parts de fromage !

« — Du fromage ! reprit le futur président du conseil, avec un geste de profonde stupeur... Qui est-ce qui a pu vous raconter un pareil mensonge, se faire l'écho d'une aussi abominable calomnie ?

« — Oui, repris-je, avec une certaine animation, du fromage..... j'en suis certain... Eh bien ! je veux bien, cette fois encore, me prêter à cette petite débauche de bronze... et pour l'éclosion de ce nouvel engin, jouer où vous voudrez... mais, je toucherai vingt-quatre parts de rempart !... c'est-à-dire vingt-quatre petits morceaux de fromage... ; si non... non !...

« — Allons, vous êtes impitoyable, répondit le futur sénateur ; mais, il est bien entendu que c'est de la tête-de-mort, n'est-ce pas ?

« — Non, monsieur le maire, du gruyère... car, on a reçu du gruyère à la Comédie-Française... me faut-il citer des noms? Vos instants sont précieux, je le sais, j'attends votre décision. »

Après avoir consulté son adjoint, M. Brelay, le marché fut conclu, et, quelques jours après, ayant réuni plusieurs amis, on apporta sur la table les fameuses parts de rempart.

Tous les convives se levèrent, et ce ne fut qu'un cri : où as-tu eu cela ?

Mais j'avais promis le secret... et je tins parole !

26 mars.

Assemblée générale. M. Thierry parle d'un emprunt. Quelqu'un propose la dissolution de la société ; la situation est grave : on trouve heureusement une diversion dans un projet de représentations, qu'on donnerait à l'étranger.

Trois délégués sont désignés par l'assemblée pour mener à bien ce voyage, qui seul peut tout sauver : MM. Got, Delaunay, Bressant.

23 avril.

En revenant de la porte de Flandre, je m'arrête chez Brébant, pour lui demander s'il n'aurait pas un fonds de marmite pour réconforter un peu mes pauvres bêtes ; car, j'ai un petit singe et un gros chat, qui vivent dans les meilleurs termes et qui ont supporté avec moi les mauvais jours du siège.

Brébant m'a découvert un morceau de filet de cheval et quelques débris étranges, ramassés dans les assiettes des heureux mortels assez fortunés pour manger au restaurant.

En arrivant à la maison, on déballe les petites provisions destinées aux pauvres bêtes... oh! misère ! ce morceau de filet me tente ; il me semble qu'assaisonné vigoureusement, il ferait bien dans mon menu, qui, ce soir-là, se compose de harengs fumés, de confitures et d'une crème au chocolat, sans lait, bien entendu. Je cède à la tentation et, quelques instants après, sous l'œil consterné des animaux, ma femme et moi mangeons le fonds de marmite!!! « La faim est une porte basse... »

Le chat a semblé trouver cela naturel; mais, le singe, plus malin, me paraît avoir deviné mon forfait... Son petit œil gris plein de malice me trouble; car, son regard semble me dire : c'est honteux!... J'ai des remords... Je retournerai voir Brébant!... Les bêtes seront-elles plus heureuses cette fois?...

Je l'espère, sans oser l'affirmer...

Si, pendant que je le regardais, le chat avait pu deviner ma pensée, il eut trouvé son sort encore préférable à celui de l'infortuné chien qui avait été mangé par ses maîtres. Pauvres gens, dont le cœur saignait, pendant l'horrible festin, et qui, mettant avec soin de côté les os de leur victime, disaient, en soupirant : ah! s'il était là!

24 *avril.*

Profitant des premiers jours de l'armistice, j'ai obtenu l'autorisation de sortir de Paris et d'aller voir si ma petite maison de *Champs* est encore debout.

Ce matin, on m'a amené un cheval de l'artillerie, avec une selle civile, et je suis parti assez ému, en songeant à ce que j'allais voir... ou, plutôt, à ce que je n'allais pas revoir.

Après avoir fait viser mon permis et celui de ma monture, à Fontenay-sous-Bois, le commandant allemand m'a indiqué mon itinéraire : Gravelle, Champigny, Nogent, Bry-sur-Marne, Noisy-le-Grand, Champs.

C'était un long détour, surtout avec un cheval aussi lourd que celui que je montais, et j'ai compris que je n'arriverais qu'à la nuit; mais, comme toute récrimination eût été inutile, je me suis remis en selle, résigné d'avance à tout ce qui pourrait advenir.

Plusieurs fois déjà, j'avais entendu des soldats disant, en me voyant passer : *Artillerie!* Et cela, je l'avoue, m'avait d'autant plus intrigué, que rien dans ma tenue, dans la sellerie de ma bête, ne pouvait fournir le moindre renseignement.

Au pont de Joinville, il a fallu me rendre à une sorte de poste d'état-major pour établir de nouveau mon identité, et, cette fois encore, j'ai entendu ce même mot : *Artillerie!*

Enfin me voilà à la fourche de Champigny, où le 2 décembre, j'avais visité le champ de bataille, après le combat meurtrier qui y avait été livré, et où j'avais vu celui qu'on nommait, alors, monseigneur Baüer, à cheval, son pantalon enfoncé dans de hautes bottes, son chapeau épiscopal sur la tête, et commandant à une armée de frères des écoles chrétiennes, qui faisaient bravement et religieusement l'office de fossoyeurs.

Un peu plus loin, comme il était impossible de passer sous le viaduc du chemin de fer, il m'a fallu pour retrouver la route qui longe le bois du Plant... traverser une maison éventrée par le canon... mais, ma bête reculant toujours, n'obéissant plus à l'éperon, j'ai mis pied à terre et conduit ma monture par la bride.

Au rez-de-chaussée... toute une hideuse armée de rats s'est enfuie devant nous... abandonnant les restes d'un cheval, qu'ils étaient en train de dévorer...

Les routes étaient parsemées de fusils, de sabres, de casques, de képis.

En passant à Petit-Bry, une horrible vision.

Au coin du mur de l'immense propriété de M. Devink, il y avait un petit groupe de soldats français oubliés là... qui, debout, appuyés les uns aux autres, dans la rigidité de la mort, semblaient de leurs yeux vitreux vous regarder encore... C'était effrayant !

Enfin, je suis arrivé au plateau de Noisy-le-Grand... Ce petit village n'offre plus qu'un amas de ruines... A la descente, je me suis haussé sur mes étriers, et j'ai aperçu les cheminées de ma maison... elle est encore debout... c'est quelque chose !

Me voilà à Champs, que je n'ai quitté, au moment de la guerre, que lorsqu'on est venu nous dire qu'il était temps de partir, que les uhlans étaient à Lagny, et que, dans une heure, ils seraient là...

Les premiers habitants que je rencontre... me reconnaissent à peine avec mes longues moustaches.

— Comment c'est vous ?... que de malheurs, hein ?
. . . .

J'apprends, enfin, que l'officier qui loge chez

moi, est un jeune homme, un Wurtembergeois; qu'il est là, depuis près de trois mois. On me raconte que la maison de mon pauvre camarade Laurent a été défoncée par un obus, venant du plateau d'Avron ! Me voilà chez moi... la porte cochère est grande ouverte, et sous *les Tilleuls*, *Unter den Linden*, des soldats boivent, en fumant dans de longues pipes, pendant qu'une sentinelle, qui marche de long en large devant le perron, croise devant moi sa baïonnette.

Le jardinier lui explique, dans un langage nègre, que je suis le maître de céans. Le soldat se recule et me laisse passer ; et, pendant qu'on conduit mon cheval à l'écurie, j'entends un des buveurs dire à ses camarades, en me désignant du doigt : *Artillerie !*... Toujours ce mot!

Je pénètre dans la maison... Plus un meuble dans le petit salon ; la salle à manger est une vaste pièce, où subsiste seule la carcasse d'un vieux bahut du seizième, mélancoliquement perchée sur les deux pieds qui lui restent encore.

Pour les faïences qui décoraient les dressoirs et les murs, le jardinier m'apprend que, le jour de la bataille de Champigny, ces messieurs jouaient au palet avec du vieux Moustiers, du Rouen et du Nevers. Mais, une bonne partie de ces curiosités, ajoutait le jardinier, avait été emballée avec soin.

La dernière voiture atteignait la hauteur d'un premier étage, et mon vélocipède formait le sommet de ce chargement, qui avait dû arriver *là-bas* en bon état...

Au premier étage, même délabrement... à croire que jamais cela n'avait été habité...

Dans un coin, une sorte de lit fait avec des bottes de foin. Partout, les fenêtres sont garnies de paille placée entre les vitres et les persiennes, pour qu'aucune lumière de l'intérieur ne puisse servir de point de mire à l'artillerie du plateau d'Avron.

Dans la chambre de l'officier, qui était autrefois la mienne, mon lit a été conservé, ainsi que deux petites bibliothèques, dont les livres ont disparu.

Dans un angle de la pièce, un piano... inconnu, à la place du mien, qui voyage sans doute...

Un détail assez curieux : le jardinier, en me montrant la flamme qui éclaire la cheminée de mon locataire malgré moi, me dit :

— Depuis le mois de novembre, le feu n'a pas cessé, jour et nuit... Comment les tuyaux n'ont-ils pas éclaté, comment le parquet n'a-t-il pas pris feu... c'est un miracle!

Aux murs de cette pièce, des chapelets de saucisses fumées... sur une assiette, du fromage, du beurre ; dans un plat, des tranches de bœuf salé... toutes choses inconnues à Paris depuis longtemps.

Dans l'intérieur de la maison, il règne une odeur étrange, moitié cuir, moitié mauvais tabac.

Il est cinq heures... la nuit est venue... après avoir renvoyé le jardinier, je suis resté seul... anéanti... sans même prendre le soin d'essuyer les grosses larmes qui tombaient de mes yeux...

Un petit bruit d'éperons me fait dresser l'oreille... La porte s'ouvre ; sur le seuil apparaît un jeune lieutenant, dont le regard semble avoir scruté les sentiments douloureux que j'éprouve en face de cette ruine...

— Monsieur Febvre ? me dit le nouveau venu, en parfait français, et sans le moindre accent tudesque.

— Oui, monsieur...

— Je vois que l'état dans lequel vous retrouvez votre propriété, vous cause un profond chagrin... Hélas ! c'est la guerre...

— Non monsieur, répondis-je, sans être maître de mon premier mouvement : c'est le déménagement. Ah ! je comprends qu'après l'action, alors que les officiers ne sont plus maîtres de leurs hommes, je comprends qu'on brûle, qu'on pille, que l'on saccage... mais, procéder froidement, lorsqu'on est maître de la place, à l'enlèvement de tel meuble qui vous plaît... cela, dans une maison sans défense, et dont le toit vous a servi d'abri... je ne

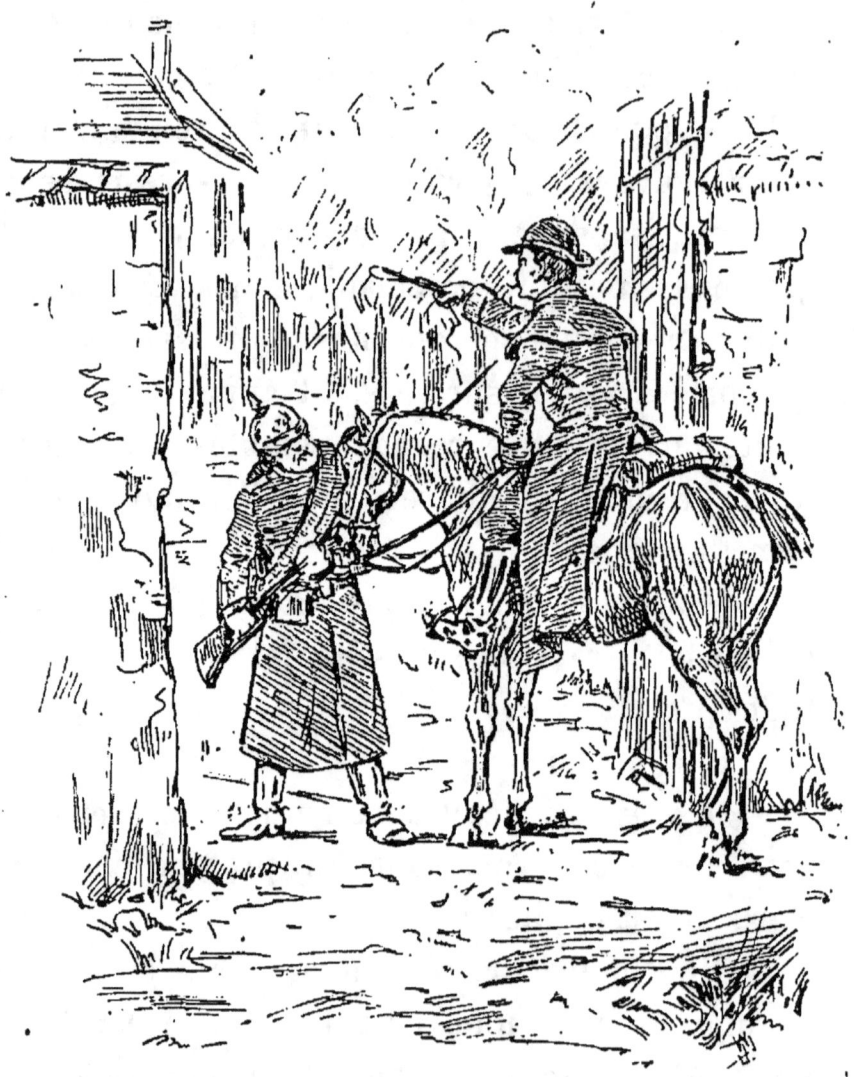

puis l'admettre et c'est, à mon sens, une action indigne d'un homme qui porte l'épée...

— Je comprends trop bien l'état de votre esprit, monsieur, reprit mon interlocuteur, pour entamer, en ce moment, une discussion à ce sujet... vous venez de Paris, vous devez être fatigué... Je vous laisse. Voulez-vous me permettre de vous envoyer quelques provisions ?...

— Merci, monsieur, répondis-je, je n'ai besoin de rien.

En arrivant dans la cour, le lieutenant me dit encore :

— J'ai donné des ordres pour le pansement de votre cheval et pour sa nourriture... ces chevaux d'artillerie sont lourds et votre voyage a dû être long ?

A ce mot d'artillerie je ne pus résister au désir de demander au lieutenant à quoi il avait reconnu cette arme.

— Mais, fit-il, c'est bien simple : on a oublié un petit détail en sellant votre cheval, c'est de lui retirer les morillons, où il y a deux canons en croix.

J'avais, enfin, la clef de ce mot *artillerie*, qui m'avait poursuivi tout le jour.

— Vous avez eu même du bonheur, reprit l'officier, de ne pas avoir été inquiété, à cause de ce détail...

— On vous dressera un lit dans ma chambre, où il y a un bon feu... A ce soir, monsieur, fit-il, en me saluant.

Je le regardai s'éloigner... restant cloué à la même place, comme pétrifié de tout ce que j'avais vu et entendu depuis mon départ de Paris.

A 11 heures, il est revenu.

— Dormez-vous, monsieur ? m'a-t-il demandé très doucement, en se penchant au-dessus de moi.

— Non, monsieur, ai-je répondu... quoique très las, je ne puis trouver le sommeil.

— Voulez-vous que nous causions un instant ?

Nous nous mîmes au coin du feu.

— Un cigare ?... Et, comme j'allais refuser, il ajouta en souriant : Vous pouvez l'accepter, c'est un terrain neutre, il est de Vienne.

. . . .

Ce que j'entendis, pendant cette nuit, est tellement incroyable que je préfère l'oublier.

Tantôt, c'était de l'enthousiasme pour certains faits militaires de l'armée française : par moments, avec des réserves pleines de tact, il appréciait à sa juste valeur l'organisation de notre armée... et j'écoutais sans pouvoir prononcer une parole... regardant la flamme du foyer qui éclairait le visage de l'officier allemand... lueur rougeâtre qui lui dissimulait heureusement la pâleur du mien.

Quelle nuit !!

Au petit jour, comme je me disposais à partir :

— On va seller votre cheval, me dit le lieutenant, qui avait achevé la nuit dans un fauteuil... mais, avant de nous quitter, prenez cette carte, Monsieur, c'est la mienne. Je suis de X... ma femme est une Française... Elle m'a donné un charmant bébé, qui déjà bégaie quelques mots de votre langue... Je suis ingénieur et j'allais partir pour l'Orient, conduire de grands travaux, quand la guerre est venue bouleverser tous mes projets... La paix conclue, je vais regagner mes foyers... mais, après tous ces terribles événements, Dieu seul sait ce que va être notre vie de famille maintenant !

« Rentrer sous un toit... où l'épouse, la mère... pleure sur les vaincus, et maudit les vainqueurs... n'est-ce pas là une horrible situation... Ah ! l'affreux retour... la Française pourra-t-elle jamais oublier que la main, que lui tend son époux, vient de combattre ses compatriotes... ses amis... ses parents, peut-être ? »

...En disant ces mots, le visage de l'officier avait une expression vraiment si touchante... que je pris la carte ; nous nous saluâmes une dernière fois. Depuis, je n'ai jamais entendu parler de lui.

Comme j'allais mettre le pied à l'étrier, une femme des environs entre dans la cour et déballe ses provisions... Que de richesses ! des œufs, du beurre, du fromage... et un petit pot au feu. Je m'en empare moyennant quelques francs. Je pense à mon pauvre chat, à mon malicieux singe. Il y a là une jolie revanche à leur offrir.

Je m'arrête à Nogent pour un visa. Quand je reviens, le paquet qui avait été au départ ficelé solidement à l'arrière de ma selle a disparu... Mes bêtes n'ont décidément pas de chance.

Ce détail me fait souvenir qu'une autre fois, étant allé, avec un ami, à Champs, mais, à pied cette fois, nous fîmes des provisions admirables que je rapportai sur mon dos, dans une hotte.

J'étais près de chez moi, boulevard Bonne-Nouvelle, ayant fait cinq lieues, quand je rencontrai Brindeau et Lacressonnière.

Brindeau se tordait.

— D'où viens-tu avec cela ?

— De Champs.

— Et qu'est-ce qu'il y a là dedans ?

— Un tas de bonnes choses. Viens dîner... tu le verras !

Quand on servit de la volaille, du beurre frais, du fromage de Brie... Brindeau se leva avec un sentiment d'admiration... et me fit des excuses...

J'ai gardé la hotte... précieux souvenir de ce que peut la patience, quand elle est au service de l'estomac.

IV

Les artistes faisant partie du voyage à Londres — car, c'est Londres qui est la capitale choisie comme terrain d'opérations — sont prévenus qu'ils doivent se trouver à la gare du Nord, mercredi 26 avril, à 6 heures 1/4 du soir.

Grâce à Félix Pyat que connaissait Got, on nous procure, non sans peine, des passeports. Il était temps de partir ; car, après les horreurs de la guerre et du siège, la Commune apparaissait à l'horizon.

A notre arrivée à Londres, Bressant, qui avait été chargé de nous retenir des logements, nous indiqua, à Barré, Chéry et moi, notre future demeure.

Il y avait déjà plus d'une heure que le cab qui nous portait filait, avec rapidité, à travers les streets, les squares, les roads !... et nous n'arrivions pas.

— Ah çà, mais, dis-je à Barré, nous ne devons plus être loin de l'Ecosse... C'est à Edimbourg que Bressant nous a logés ?

— Enfin nous arrivâmes. C'était une charmante retraite que celle choisie par notre camarade, une sorte de family hôtel, où nous étions attendus.

Une heure de voiture, deux fois par jour, pour aller à notre théâtre situé en plein Strand, aux portes de la cité. Mais, il y avait une compensation : outre que c'était trop cher pour nos modestes bourses, les deux propriétaires, deux vieilles miss ne disaient pas un mot de français ; et, comme je ne parlais que ce bizarre anglais qu'on apprend au collège, nos relations menaçaient d'être difficultueuses.

Le temps de rendre aux deux propriétaires leur liberté, de remonter en voiture, et nous repartîmes pour venir prendre nos quartiers dans Panton Hotel, Panton Square, Leicester.

L'hôtel était peuplé d'artistes et je retrouvais là Brindeau, qui donnait, avec ses camarades du Vaudeville, des représentations au Lycéum.

C'était la première fois que je venais à Londres ; aussi, m'étais-je promis de visiter en détail les théâtres anglais, d'étudier le jeu des artistes, dont on nous avait si longuement vanté le talent.

Chaque soir où j'étais libre, je l'employais à cette étude, et je dois dire que, sauf quelques exceptions, les théâtres de Londres étaient loin d'être ce qu'ils sont maintenant.

De leur côté, les artistes anglais suivaient avec assiduité nos représentations, et, comme j'avais l'honneur de faire partie du Garrick-Club, où l'on m'avait admis comme membre honoraire, le soir, après le spectacle, je me retrouvai là avec les plus hautes personnalités de la critique, de la littérature et de l'art dramatique.

Que de choses entendues !... que d'appréciations curieuses !... Sous les formes de la plus courtoise critique, je distinguais parfaitement les réserves faites par nos camarades d'outre-Manche sur notre façon de faire, notre trop grande simplicité ; il leur paraissait, en un mot, que nous avions plus l'air de causer que de jouer... Notre sobriété de gestes était surtout, pour eux, un sujet de profond étonnement.

Mais, il faut croire, cependant, que, malgré tout, le style de la Comédie-Française avait du bon ; car, je pus constater, lors de mon second voyage en Angleterre, que nous avions fait école, et que beaucoup d'artistes s'étaient sagement appropriés tout ce qu'ils trouvaient jadis à reprendre en nous.

Un seul point sur lequel un ou deux théâtres nous étaient supérieurs, c'était celui de la mise en scène.

Je vis, un soir, au *Prince of Walles*, dirigé par mon excellent ami M. Bancroft, une petite comédie dont le titre m'échappe ; mais, ce dont j'ai gardé mémoire, c'est une scène se passant dans un parc, par une triste journée d'automne ; le vent et la pluie faisaient tomber lentement les feuilles jaunies des arbres, et, au milieu du théâtre, bien gentiment, bien naïvement, les deux amoureux, blottis sous un parapluie, se disaient mille choses charmantes... C'était exquis... Et le public applaudissait, il fallait voir !...

Chez nous, ce serait impossible... Quelle singulière idée, dirait-on, de se parler d'amour sous un riflard... et mille autres facéties !... Quelle différence avec le public anglais. Le spectateur vient au théâtre, sans autre parti pris que celui d'y prendre du plaisir — et désire, avant tout, s'amuser ou s'intéresser ; ce qu'on va lui montrer lui suffit, il ne rêve pas au delà ; et ne voulant pas avoir plus d'esprit que l'auteur, il accepte, sans les travestir, ses conclusions.

Le public français saisit, peut-être avec plus de rapidité, plus de malice, si on veut, un trait d'esprit ou de caractère... mais, son tempérament essentiellement frondeur ne lui permet pas toujours d'apprécier, à leur juste valeur, certaines situations !... il se gâte, souvent, un plaisir qu'il prendrait, s'il avait plus de sincérité et moins d'esprit.

Chez nous, l'action bien engagée, il semble que le spectateur et le comédien soient en parfaite communication, grâce à ce fil invisible qu'on nomme l'intérêt... mais, aussitôt que cet intérêt diminue, le fil devient lâche... et, si l'indifférence survient, amenant avec elle son inséparable compagne — l'ennui — le fil se brise. Et puis, une autre raison encore, qui fait du public parisien un spectateur souvent mécontent, et plus d'une fois déçu !... c'est que, pendant la durée de la pièce, il se forme dans son esprit une résolution inconsciente, mais très ferme :

Celle de refaire, selon son tempérament, ses tendances morales, ses goûts particuliers, une autre pièce que celle qui se déroule sous ses yeux, et de se préparer, par ce fait, un dénouement, qui ne le satisfera qu'autant qu'il se sera rencontré avec l'écrivain ; s'il en est autrement, ce sera une déception, — préférant, toujours et de beaucoup, sa conception à celle de l'auteur.

Dans une autre comédie (toujours chez Bancroft), *les Nôtres*, de M. Robertson, je crois, Mme Bancroft, une artiste d'un réel mérite, faisait, de ses jolies mains, un *pudding*... tout en jouant une scène de vraie comédie ; et le public, qui savait parfaitement ce que c'est qu'un pudding, suivait avec beaucoup d'attention cette petite préparation culinaire, sans que cela nuisît, en quoi que ce soit, à l'intérêt de la situation.

Le lendemain, un critique chez nous, n'eût pas manqué de dire : « Je ne vais pas au théâtre pour voir faire la cuisine... »

Mais, c'est une erreur; l'art est dans tout, à des degrés différents, je le veux bien; mais, il est là, sous ce parapluie, qui m'identifie avec l'état d'âme des personnages; il est dans cette farine blanche et ces grains de raisin, roulant sous les doigts effilés de Mᵐᵉ Bancroft; il complète, aux yeux des spectateurs, la vérité du milieu, où l'auteur a placé ses interprètes et vient en aide à ceux-ci, en ajoutant à leur propre besoin d'illusion.

Une chose m'a toujours frappé en Angleterre; c'est de voir combien la situation du comédien anglais est différente de la nôtre.

Lorsqu'il a réussi, l'acteur, à Londres, occupe une situation de beaucoup supérieure à celle du plus favorisé d'entre nous. MM. Samson et Régnier n'ont jamais gagné les sommes folles encaissées par M. Sothern, un artiste de second ordre, au dire de ses collègues.

De plus, il ne s'attache aucun préjugé à la carrière dramatique.

L'exemple le plus frappant, que je puisse citer à l'appui de mon dire, n'est-il pas dans la haute bienveillance de Monseigneur le prince de Galles, acceptant une invitation à déjeuner chez Bancroft, dont je parlais quelques lignes plus haut.

Quand notre regretté camarade Charles Fechter était directeur du Lycéum, plus d'une fois le prince lui fit l'honneur d'aller faire chez lui une partie de billard.

Je n'ai jamais entendu dire, je l'avoue, que malgré l'amitié qu'il portait à M. Maubant, M. Grévy soit allé frapper à la porte de l'excellent sociétaire et partager son repas, bien qu'ils eussent tous deux (avant la Présidence) fait de classiques carambolages au café de la Régence.

Cet établissement me remet en mémoire une aventure assez singulière, arrivée au beau-père de M. Wilson.

M. Grévy se souvint un jour, alors qu'il habitait l'Elysée, qu'autrefois, à ce café de la Régence, il avait connu un individu dont il ignorait le nom, d'ailleurs, mais, qui lui administrait, chaque fois qu'ils jouaient ensemble au billard, une violente raclée. Las de s'escrimer, sans doute, contre des courtisans qui ne se défendaient que mollement, il fit rechercher son mystérieux partenaire.

Lorsqu'il apprit que son ancien vainqueur n'était autre que le suisse de Saint-Roch, sa surprise fut grande, apparemment; mais, elle dut redoubler lorsqu'on lui rapporta la réponse de l'homme à la hallebarde, qu'il avait invité à faire une partie sous les lambris dorés de la Présidence :

« — Dites à M. Grévy que je ne vais pas dans ces endroits-là ? »

Ce suisse devait être un peu parent du Monsieur qui, sortant de ce même palais de l'Elysée, un soir de grande réception, disait gravement : Et maintenant, de la tenue !

Au point de vue de son art, le comédien anglais, auquel je reviens par un assez long détour, s'il a pu rencontrer, dans une pièce à succès un rôle type, un caractère, peut laisser reposer sa mémoire, en jouant ce seul rôle pendant des années : après Londres, la province, l'Ecosse, l'Irlande, les deux Amériques, l'Inde, l'Australie même — autant de stations, où il peut promener son modeste bagage. J'ai entendu M. Jefferson quatre fois en quelques années, et, ces quatre fois, soit qu'il arrivât ou qu'il fût à la veille d'un départ, c'était toujours dans *Rip-Rip* qu'il m'était donné de l'applaudir.

A combien de représentations en est *Garrik*, si merveilleusement joué par Windahm, au Criterium.

Quant à H. Irving, autant compter les grains de sable de la plage de Brighton que de calculer le nombre de fois qu'il s'est fait applaudir dans *les Sonnettes* (le Juif polonais), *le Courrier de Lyon* et dans *Olivia*.

Chez nous, il n'en est pas de même; on a pu s'en rendre compte à Vienne et à Londres, où dans la dernière saison, à Drury-Lane, l'affiche changeait chaque soir.

Il y avait des artistes ayant de quinze à vingt rôles dans leur répertoire. — Ceci m'amène à poser cette question : vaut-il mieux, pour un comédien, se renouveler, ou bien jouer, toute sa vie, le même rôle, sous le même aspect ?... J'en suis arrivé à douter, je l'avoue, que la première manière soit la bonne ; car, j'ai vu de curieux exemples concluant à adopter plutôt la seconde.

Exemple : voilà Bressant, qui, pendant toute sa carrière, avec des qualités natives, des dons hors ligne, n'a jamais joué que Bressant, que ce soit Tartuffe ou le jeune mari, *il était charmant ;* mais, restait Bressant, à ce point, que le soir de la première de *Dalila,* quand, au premier acte, Carnioli chante, dans la coulisse, une phrase qui le fait reconnaître de Rowen, au lieu de dire : Ah ! voilà Carnioli ! malgré moi, je laissai échapper cette exclamation : Ah ! voilà Bressant !

C'était si bien *lui,* en effet, avec la même voix qui soupirait si admirablement la romance de Lindor, que le nom de l'artiste me vint plus naturellement aux lèvres que celui de son personnage.

Maintenant, je place en regard le nom de M. Geffroy, qui a créé, avec autant d'aspects divers, Marat, Philippe II, Œdipe Roi ; que reste-t-il de cet artiste, en dehors des souvenirs laissés par le peintre.

Quand vous parlez de lui à un bourgeois, il vous répond :

« — Geffroy, si je l'ai vu ?... Je crois bien. Charmant dans *Mercadet*, au Gymnase, exquis dans *la Boule*, au Palais-Royal !...

« — Mais non, c'est Geoffroy celui dont vous parlez...

« — Vous croyez... Attendez donc... Ah! oui, un maigre, coupant comme une lame, qui jouait toujours les traîtres... J'aimais bien mieux Bressant. »

Et cependant, s'il y avait des balances pour peser le mérite réel, la valeur intrinsèque de ces deux comédiens, je crois savoir de quel côté pencherait le plateau.

C'est qu'au Théâtre, il faut bien le dire, les dons naturels l'emportent sur le talent.

S'il me fallait citer des noms, je n'aurais que l'embarras du choix : Félix, qui, plus de trente ans, joua si délicieusement Félix; Numa, Arnal, Geoffroy et tant d'autres, qu'il ne me convient pas de nommer et qui seraient autant de preuves que, de même qu'il n'aime que les pièces qu'il connaît, le public n'est heureux que s'il peut reconnaître, dès son entrée, son comédien préféré.

Car, ce qu'il aime en lui, outre son talent, c'est sa voix, son regard, ses attitudes, sa démarche, en un mot, l'ensemble de sa personne.

Pour la masse, vous ne serez jamais un acteur populaire, si vous lui dissimulez tout ce qui le séduit, en prenant une forme nouvelle, à chaque ouvrage nouveau : ce n'est pas un paradoxe ; car, il y a, en ce moment, dans un théâtre du boulevard, un acteur qui réjouit fort le public, non seulement par la drôlerie de son jeu, mais, par le timbre extraordinaire de sa voix.

Un de ses camarades, mort dernièrement, disait de lui :

« C'est l'art de faire fortune, grâce à une infirmité.

« Admettez que ce comédien se corrige de cette diction étrange, de cette phénoménale prononciation, il lui restera, sans contredit, son talent, indiscutable ; mais, outre qu'il aura perdu son originalité, le public ne se pâmera plus de joie aux cocasseries gutturales de son artiste aimé ; ce ne sera plus... *Chose*... dont la charge seule provoquait le fou rire, ce sera un comédien de talent se confondant parmi les autres comédiens de talent... Mais, *Chose* est bien tranquille ; car, les années ne peuvent qu'ajouter à sa fructueuse infirmité. »

Pour en revenir à Londres, nous eûmes quelque peine à attirer le public dans la coquette petite salle d'opéra-comique, voisine de la cité ; et, cependant, quels spectacles, et quelles distributions.

Nous étions onze artistes pour défrayer le répertoire.

Ces distributions, qui nous étaient imposées par la nécessité, faisaient l'admiration du public ; et, plus d'une fois, la presse cita tel de nous, qui, en acceptant de jouer un rôle accessoire, donnait aux artistes anglais l'exemple du devoir et du respect que nous professions à l'égard du public et des auteurs.

Dans *l'Avare*, Delaunay jouait la Merluche — et moi, Brindavoine. Bressant s'était chargé du commissaire.

Dans *Mademoiselle de Belle-Isle*, Coquelin aîné jouait le Laquais.

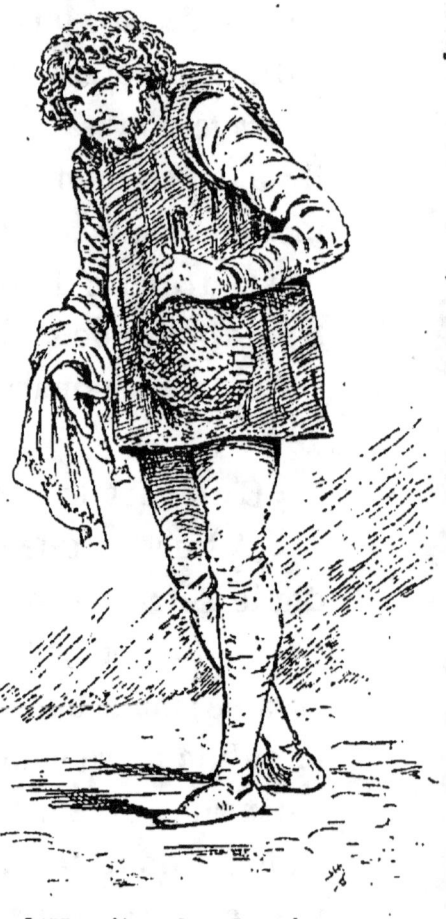

L'Hôtelier des *Caprisce de Marianne*.

Dans *le Caprice*, le domestique m'était échu, ainsi que le premier créancier de *l'Honneur et l'Argent* — sans préjudice de l'hôtelier, des *Caprices de Marianne* — et de Grippe-Soleil, du *Mariage de Figaro*.

J'avais même l'honneur de tenir le clavecin, dans la coulisse, pendant que Bressant, dans *Lin-*

dor, grattait, en scène, une mandoline. Je rendais le même office au troisième acte, pendant la leçon de chant.

Nous avions, souvent, l'honneur de dîner chez Lord Granville. Un soir il nous dit :

« Si vous désirez voir quelque chose de curieux, allez demain, vers 2 heures, sur le pont de Westminster, vous verrez venir une forte réunion de gens du peuple, pour protester contre une loi adoptée par le Parlement, défendant la vente des allumettes, sur la voie publique, par des enfants. Si tout se passe comme je le présume, ajouta le ministre, quand ce groupe sera arrivé à la distance prévue par un arrêté de police, qui interdit aux manifestants d'approcher à une certaine limite du Parlement ou d'un bâtiment de l'État — un constable, qui les attendra, sortira, au moment opportun, un petit bâton de sa poche ; il le montrera à la foule, qui se dispersera sans bruit et en bon ordre. ».

Le lendemain, les choses se passèrent dans l'ordre prévu par lord Granville ; seulement, les manifestants qui s'étaient portés à Regent's Park, ayant trouvé les grilles fermées, les jetèrent bas et tinrent tranquillement leur meeting à l'ombre des grands arbres, sous l'œil placide des policemen.

Deux jours après cette scène, un député monta à la tribune, et déclara impopulaire la loi qui avait causé le meeting de Regent's Park. La loi fut rapportée, et tout rentra dans l'ordre.

Pour quelqu'un qui arrivait de Paris, et qui avait, assisté à l'installation de la Commune, il y avait vraiment un sujet d'étonnement.

Lord Granville ne manquait pas une représentation de la Comédie-Française.

Comme il me demandait, un jour, mon opinion sur les comédiens anglais :

— Vous avez, lui répondis-je, des artistes intéressants, très observateurs, mais, plus préoccupés de l'aspect extérieur que du caractère de leur personnage ; il vous manque, en ce moment, un de ces comédiens qui ont fait tant d'honneur à la scène anglaise, un Garrick, un Kean, un Mecready... en un mot, vous n'avez pas un artiste de haute allure... un homme distingué... comme Bressant, par exemple.

— Oh! Bressant n'est pas distingué, répondit, sans hésiter, lord Granville.

— Vous trouvez, Milord ? fis-je, un peu surpris.

— Oui, je trouve. Lafont était *distingué*... Bressant est *comme il faut !*

Rien à répondre à cela. La note était d'une justesse remarquable.

Le nom du regretté ministre anglais, de ce fidèle ami de notre chère maison, me remet en mémoire une petite histoire, que me conta Régnier.

Il donnait déjà, depuis quelque temps, des leçons de diction et de prononciation à lord Granville, dont il ignorait le nom.

Comme il lui demandait un jour :

« — Est-ce pour jouer la comédie ?

« — Presque ! répondit le fin diplomate, avec un malicieux sourire. »

Un de mes amis me dit qu'il serait convenable d'aller m'inscrire à Chislehurst, résidence de la famille impériale.

Moi, je trouve qu'il est absolument incorrect d'abuser de l'exil d'un Prince, pour lui imposer sa visite.

Mais on me donne de si bonnes raisons ; on me laisse entendre que s'abstenir est plus que de l'indifférence, mais, de l'ingratitude.

Je me hasarde à cette visite, non sans une grande émotion. J'arrive de Cambden Place, où je me suis rendu ce matin ; ce petit coin de la campagne anglaise fait songer à Saint-Cloud.

C'est M. Piétri qui m'a reçu.

Lorsque Sa Majesté l'Impératrice est entrée dans le salon, où je me tenais, elle s'est arrêtée sur le seuil de la porte, portant vivement son mouchoir à ses yeux.

A ce moment, je l'avoue, je ne savais plus quelle contenance tenir.

« Pardonnez-moi, monsieur, m'a dit Sa Majesté, c'est plus fort que moi, mais je suis dans un tel état de nervosité que les larmes me viennent aux yeux sitôt que je revois quelqu'un de France... Ce sentiment, je viens de l'éprouver, surtout en face de vous, qui ne me rappelez que des jours de plaisirs ou de fêtes... Vous allez voir le Prince, il est charmant... Je suis sûre qu'il se souviendra de vous ! »

Comme l'Impératrice achevait ces mots, un jeune homme sauta par la fenêtre et vint tomber entre nous.

« Ne pourrez-vous donc jamais entrer par les portes, dit la souveraine, avec un ton de doux reproche. Voyons, Louis, regardez bien monsieur, le reconnaissez-vous ? »

Alors, sans hésiter, le Prince, après un regard, a répondu :

« — M. Febvre !...

« — Vous ne partirez pas, je l'espère, reprit Sa Majesté, sans avoir salué l'Empereur ? »

J'ai essayé de décliner cet honneur ; mais, devant l'aimable insistance de l'Impératrice, il m'a fallu rester.

Quelques instants après, j'ai vu Napoléon III sortir d'une allée du parc. Le comte Clary marchait près du souverain, que j'eus peine à reconnaître.

C'était plutôt le fantôme de l'Empereur, que je voyais venir à moi... et je suis resté anéanti des ravages de son visage...

Après la présentation, comme il parlait de Paris, dont la décapitalisation lui paraissait une faute grave... l'Empereur s'est soulevé avec peine, et se tournant vers Clary, lui a dit :

« — Ah ! mon cher comte, ce pamphlet qui m'a été adressé, il y a quelques jours, j'en connais, hélas ! l'auteur, depuis ce matin ; il est d'un malheureux, dont j'ai oublié le nom, mais, dont je venais de payer les dettes, pour la troisième fois.

En disant cela, l'Empereur, après m'avoir salué, s'est éloigné au bras de Clary, en ajoutant, avec un accent de résignation et de tristesse :

« — Allons, je ne croyais pas qu'un seul homme pût faire tant d'ingrats !... »

. . . .

Quand, par hasard, la Reine réside à Londres, et qu'elle doit sortir de Buckingham, un Irlandais qu'on m'avait signalé, se tient là debout en guenilles, attendant le passage de la souveraine. Il est vêtu d'un habit qui fut noir. Ce vêtement, quoique boutonné jusqu'au cou, dissimule avec peine l'absence de linge ; il a les pieds nus, sur la tête une sorte de coiffure, qui fut un chapeau gris, dans des temps meilleurs, à ses mains des gants noirs laissant passer le bout des doigts.

Sitôt que Sa Majesté apparaît, il se découvre gravement, et, après un profond salut, se retire.

Je l'étudiais, ce matin ; c'est, vraiment, un spectacle curieux. Toute son attitude a le caractère d'une protestation muette, et ce spectre de la misère semble dire à la Majesté Royale :

« Madame, l'Irlande qui vous salue attend de meilleurs jours. » Et je pensais combien doit être pénible à la Reine cette sombre vision, que la police elle-même ne lui peut épargner ; car, la loi protège et défend ce loqueteux, qui, tant qu'il sera debout (n'étant pas un obstacle à la circulation) nul agent ne saurait arrêter, à moins que, défaillant de besoin, il ne tombe sous les roues du carrosse royal !...

8 *juillet* 1871.

Une des plus flatteuses manifestations, dont ait le droit de se montrer fière la Comédie-Française, nous était réservée ce jour-là.

Ce matin, lord D. est venu me prendre à l'hôtel pour me conduire en landau au Cristal Palace, où se donne, en l'honneur du Théâtre-Français, un grand banquet national par souscription.

Par une courtoise attention, chaque sociétaire a été accompagné d'un lord, qui sera son voisin de table pendant le festin.

On nous raconte que ce qui a donné le plus de peine aux organisateurs, c'est de se procurer une statue équestre de Louis XIV, à laquelle ils tenaient beaucoup et qui doit figurer dans le salon, où sont dressées trois tables.

Ci-dessous le plan de la salle du banquet :

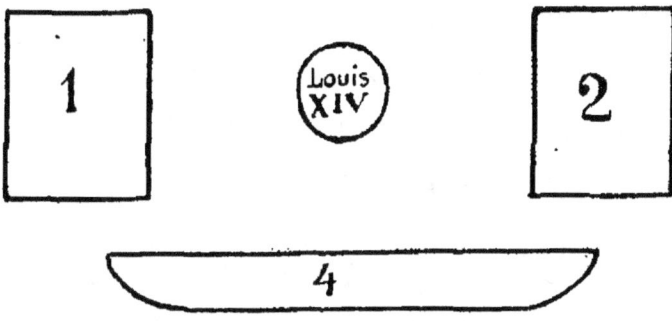

Les deux tables 1 et 2 étaient occupées par les souscripteurs, c'est-à-dire tout ce que Londres compte de hautes personnalités : presse, littérature, arts, finance, politique.

. La table d'honneur n° 4 était présidée par lord Granville, premier ministre du royaume et représentant sa gracieuse Majesté la Reine, qui, pour donner, en cette circonstance, une marque de sa haute bienveillance, avait bien voulu changer l'heure du conseil des ministres, afin de rendre à ces messieurs leur liberté.

Au milieu, lord Granville ; à sa droite, Got ; à sa gauche, Delaunay ; puis, dans l'ordre de préséance, un lord, un sociétaire, etc..., et ainsi de suite.

La coutume anglaise n'admettant pas les dames en ces réunions, les artistes femmes étaient absentes, à leur grand regret.

Louis XIV occupait la place numéro 3, et je dois à la vérité d'ajouter que ce convive équestre ne fut pas celui qui attira le moins l'attention.

Dans chacun de nos verres, il y avait un petit bouquet aux couleurs de France.

J'ai sous les yeux le menu du festin, et celui de la partie musicale. Je copie :

LONDRES

Banquet offert aux Sociétaires de la Comédie-Française.
8 JUILLET 1871

PALAIS DE CRISTAL

Musique des Grenadiers de la Garde : CHEF S. GODFREY.

PREMIÈRE PARTIE

Le Médecin malgré lui.	GOUNOD.
Fantaisie sur Auber	GODFREY.
Souvenirs d'Hérold.	HÉROLD.
Pot-pourri du petit Faust	HERVÉ.

DEUXIÈME PARTIE

Le Barbier de Séville . . . . Rossini.
Le Domino noir (fantaisie) . . . Auber.
Les Gardes de la Reine. . . . . . . Godfrey.
Barbe-Bleue (pot-pourri). . . . . Offenbach.
En Crimée. . . . . Bosisio.

Le menu du repas, qu'on trouvera plus loin, avait, comme en-tête, un portrait de Molière.

Dans de petits médaillons, — pour les dédommager, sans doute, — on pouvait reconnaître les gracieux visages de Mmes F. Favart, Dubois, Ponsin, Marie Royer, Jouassain.

Portrait de Molière.

Séjour à Londres,   Installation, Paris,
en 1871.   1680.

Potages.

Colbert. — Purée de pois verts.

Froids.

Saumon Almaviva.
Chapons à la Pourceaugnac. — Galantines de Colombes.
Pâtés de cailles à l'Amphitryon.
Canards aux pistaches. — Pâtés de levrauts à la Don Juan.
Hure de sanglier à la Grand Monarque.

Salade de homards. — Mayonnaise de volailles.
Langue à la Tartuffe..... — Jambon d'York glacé.
Ballotine d'agneau à la Chérubin.
Buisson d'écrevisses. — Salade Sgnanarelle.
Bœuf fumé. — Pâtés de pigeons.

Entremets.

Chartreuse à la Favart. — Tartes à la crème.
Croûtes à l'ananas.
Davioles au café. — Crème d'abricots. — Bavaroise au chocolat.
Gelée au marasquin. — Tourtes aux amandes.
Génoises glacées. — Talmouses au citron.

Glaces.

Crème de moka. — Fraises Reine. — Framboises vanille.
Granits au citron. — Tranches Napolitaines.

Dessert.

Corbeilles de fruits, ananas, fraises, pêches, abricots, gâteaux.

En tête de ce menu, également dans de petits médaillons, les noms de Got, Delaunay, Bressant, Coquelin, Febvre, Talbot, Barré, Boucher, Chéry, Garraud.

Au dessert, quand on eut empli les coupes de vin de Champagne, lord Granville se leva, et prononça, en excellent français, un discours dont le sens était celui-ci :

« Mylords, Messieurs, Gentlemen,

« C'est une chose vraiment hardie à moi de prendre ici la parole, devant cette illustre assemblée, devant ces dépositaires fidèles de toute une longue suite de chefs-d'œuvre, qui compose le patrimoine de la Comédie-Française, d'oser m'exprimer, dis-je, en cette belle langue qui dit si bien ce qu'elle veut dire... et surtout, ce qu'elle ne veut pas dire !...

« Comment excuser cette sorte d'égoïsme inconscient, que nous éprouvons malgré nous, en recevant dans notre vieille Angleterre ces comédiens, que les malheurs de leur patrie... ont amenés à nous favoriser de leur visite... »

« Cette hospitalité, dont nous avons le droit d'être aussi heureux que fiers, comme elle nous a été payée, chaque soir, par des jouissances de l'ordre le plus élevé, celles que donnent l'intelligence de l'esprit et la noblesse du cœur.

« J'ai, quelquefois, dans ma longue carrière, entendu parler de préjugés. Quant à moi, j'ignore ce que veut dire ce mot, qui n'a pas de traduction dans notre langue et que repoussent nos sentiments.

« Le préjugé, s'il existe, diminue à mesure que l'on gravit les degrés de l'échelle sociale, et, pour ma part, je déclare n'avoir jamais été plus flatté, moi représentant ici Sa Majesté la Reine, qu'en prenant place à cette table, aux côtés de MM. Got, Delaunay, Bressant, Coquelin, Febvre, et de leurs illustres camarades.

« Je bois donc à la Comédie-Française, à ses représentants autorisés, à la littérature et aux arts français. »

Il est bien entendu que, citant de mémoire, je n'ai cherché à reproduire, ici, que l'ensemble du remarquable discours de lord Granville, qui fut couvert d'applaudissements.

A son tour, notre camarade Got se leva pour prendre la parole.

Il se fit un grand silence.

« Mylords, Messieurs, Gentlemen,

« Si orgueilleux que nous puissions nous montrer de l'accueil plus que flatteur, que la Comédie reçoit en ce jour, nous ne pouvons nous dissimuler que ces marques de sympathie, exemptes de tout sentiment d'égoïsme, quoi qu'en dise lord Granville, passent par-dessus nos têtes pour s'adresser à une nation qui vient d'être si douloureusement frappée.

« C'est ce que nous avons tous compris; c'est ce que nous retenons tous.

« Quant au préjugé, dont parlait, il y a quelques instants, le représentant de Sa Gracieuse Majesté, il faut bien croire qu'il a disparu, puisque, pour la seconde fois (et Got désigna la statue du Grand Roi) Louis XIV veut bien admettre à sa table, à défaut de Molière, ses très humbles serviteurs.

« Je bois à Sa Majesté la Reine, à lord Granville, son noble représentant. Je bois à la vieille Angleterre, qui nous a accueillis si fraternellement, à la presse, aux artistes et aux littérateurs de ce pays hospitalier ; en un mot, à tous ceux, présents ou absents, dont nous emporterons le fidèle et reconnaissant souvenir. »

Voilà également, à peu près, la spirituelle réponse de notre doyen, dont j'ai essayé, bien imparfaitement, de reproduire la haute allure, et qui valut à son auteur des hourrahs frénétiques.

Le soir venu, nous rentrâmes à Londres, comme nous étions venus à Cristal Palace, c'est-à-dire reconduits chacun par le lord, dont nous étions l'invité.

Notre dernière représentation ne fut qu'une longue suite d'ovations; et, comme on venait nous dire que, si nous voulions prolonger notre séjour, nous ferions de l'or, nous répondîmes, d'un commun accord, qu'en ne partant pas à la date fixée, nous aurions l'air de vouloir spéculer sur une manifestation aussi flatteuse que celle de Cristal Palace et qu'elle perdrait, par ce fait, son caractère.

Deux jours après, nous étions de retour en France.

Dans le compartiment que j'occupais, se trouvait le général Baron X... qui venait de saluer S. M.

l'Empereur, à Chislehurst. Comme nous arrivions à Boulogne, un officier allemand monta dans notre voiture.

Au bout de quelques instants, le nouveau venu ne put résister au désir de se mêler à la conversation.

Le général, qui faisait de violents efforts pour garder l'attitude qui convenait, ne répondait que par monosyllabes :

« Il me semble que j'ai l'honneur de vous connaître, monsieur, si j'ai bonne mémoire ; c'est à Sedan que nous nous sommes rencontrés ?..... fit tout à coup le voyageur indiscret. »

C'était une lourde faute de prononcer ce mot devant un officier français.

« — C'est possible, monsieur... répondit le général, d'un ton qui ne laissait pas de m'inquiéter sur l'issue de ce colloque.

« — Si vous le permettez, reprit avec insistance l'Allemand, voici ma carte :

BARON VON SEDLITZ

« — Ah ! monsieur, se contenta de dire le général, que vous avez donc un nom difficile à retenir ? »

Le Baron comprit-il ? Je ne sais ; mais, à la station suivante, après avoir salué gravement, il prit congé de nous.

Encore quelques semaines, et M. Thierry cédait la place d'administrateur général à M. Emile Perrin.

M. Thierry laissait le souvenir d'un lettré, d'un délicat, d'un homme de goût, dont les conseils pouvaient être salutaires, surtout, au point de vue du style; mais, il faut bien le dire, ce n'était pas un artiste, dans le sens propre qu'on prête à ce mot, et si l'ensemble de sa direction faisait songer à l'époque de Louis-Philippe, le règne de M. Perrin devait être la personnification du second Empire.

M. Thierry, quoique très bienveillant pour tous, avait, cependant, comme beaucoup d'administrateurs, ses artistes préférés; et, si on relisait certains feuilletons de cette époque, on y verrait, entre autres critiques, nombre d'articles, signés Sarcey... déplorant que le Théâtre-Français soit, en ce moment, la propriété exclusive d'un couple... couple d'un grand talent, il est vrai, mais, ne permettant qu'à un tout petit groupe d'élus de se produire à ses côtés aux feux de la rampe...

Pour la première fois, depuis bien des années, les comiques, qui seuls, jusqu'ici, avaient été les maîtres de la maison... virent le sceptre s'échapper de leurs mains.

Le bibliothécaire archiviste d'alors, qui passait pour être l'Eminence Grise de M. Thierry, avait un aspect moitié pharmaceutique, moitié clérical; et, comme, de son côté, M. l'administrateur général affichait des allures moins que voltairiennes, un de nos illustres camarades ne manquait jamais de demander à Picard, avant de pénétrer dans le cabinet directorial : « Y a-t-il quelqu'un à la sacristie ? »

M. Thierry avait administré le Théâtre-Français, du 22 octobre 1859 au 15 juillet 1871, ce qui lui valut une pension viagère de 6.000 francs, que vota le comité, pour donner une marque de sa gratitude au lettré qui avait, pendant près de treize années, présidé honorablement aux destinées de la Comédie-Française.

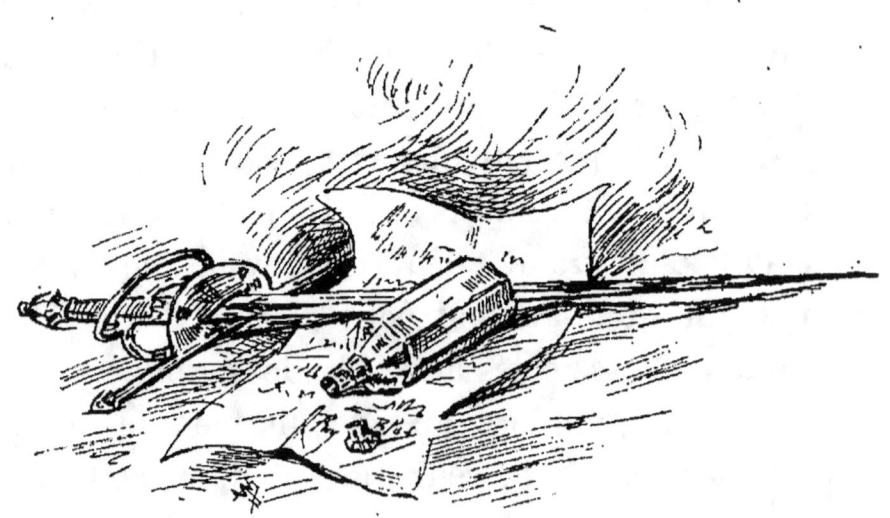

ÉVREUX, IMPRIMERIE DE CHARLES HÉRISSEY